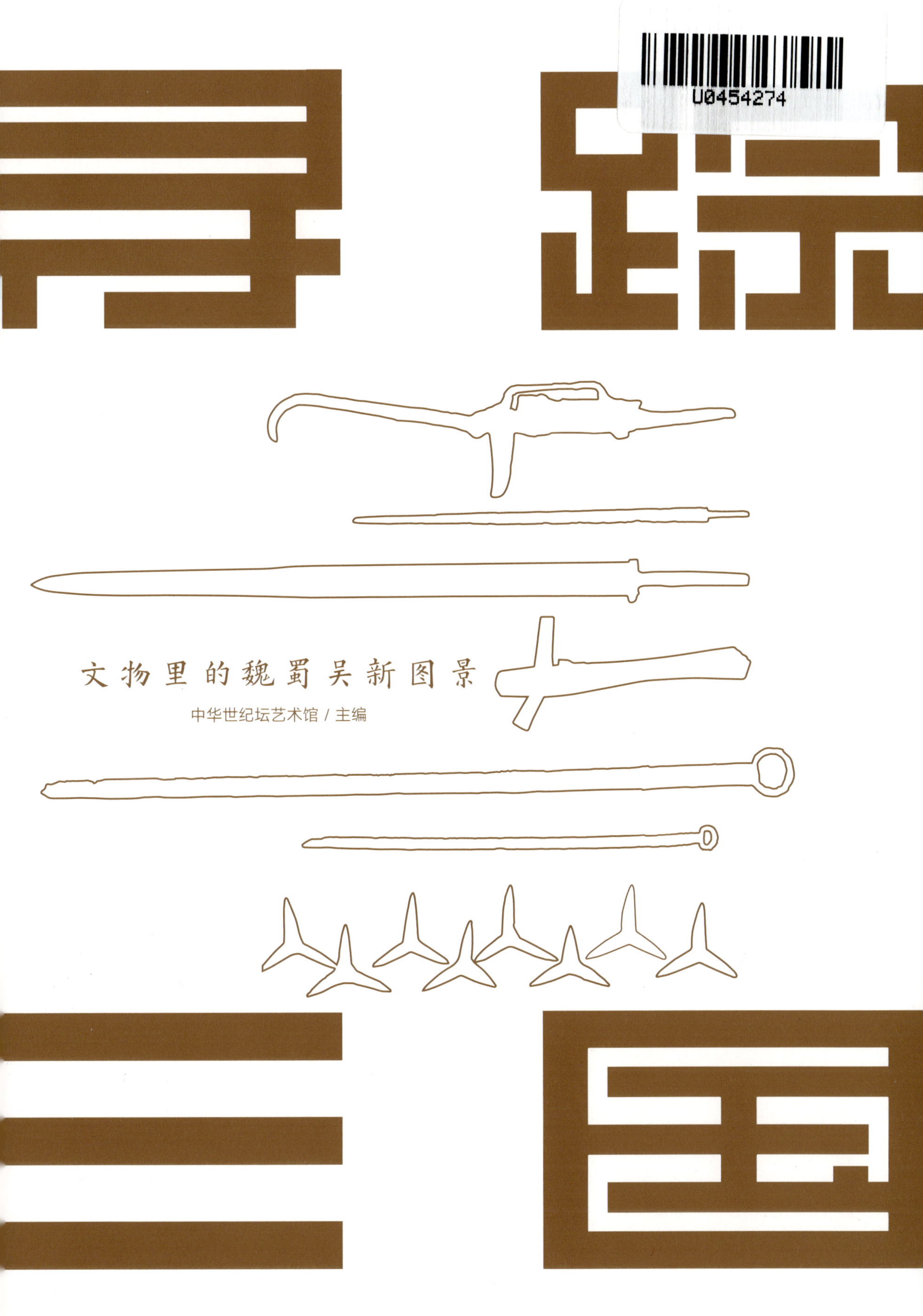

寻踪三国

文物里的魏蜀吴新图景

中华世纪坛艺术馆 / 主编

中信出版集团 | 北京

图书在版编目（CIP）数据

寻踪三国：文物里的魏蜀吴新图景 / 中华世纪坛艺术馆主编. -- 北京：中信出版社, 2021.1
ISBN 978-7-5217-2128-7

Ⅰ. ①寻… Ⅱ. ①中… Ⅲ. ①中国历史－三国时代－通俗读物 Ⅳ. ①K236.09

中国版本图书馆CIP数据核字(2020)第152916号

寻踪三国——文物里的魏蜀吴新图景

主　　编：中华世纪坛艺术馆
出版发行：中信出版集团股份有限公司
（北京市朝阳区惠新东街甲4号富盛大厦2座　邮编　100029）
承 印 者：北京雅昌艺术印刷有限公司

开　　本：787mm×1092mm　1/16　　印　　张：17　　字　　数：280千字
版　　次：2021年1月第1版　　印　　次：2021年1月第1次印刷
书　　号：ISBN 978-7-5217-2128-7
定　　价：98.00元

目 录

总序

文／谭平
中国文物交流中心主任

大江东去，浪淘尽，千古风流人物——从 220 年曹丕称帝至 280 年晋灭东吴近六十年的三国时期，群雄逐鹿、英雄辈出，他们的家国情怀、政治谋略、军事智慧、文化修为、艺术造诣等，在华夏儿女心中留下了不可磨灭的印记。

长江流逝千年，三国风采依旧。2019 年 7 月至 2020 年 1 月“三国志展”先后在日本东京国立博物馆、九州国立博物馆展出，观众总人数近五十万，得到国内外各界人士的广泛关注和一致好评，成为近年来在日本最受欢迎的中国文物展览之一。

为了让更多中国观众能够在家门口欣赏到载誉归来的“三国志展”，在国内四十余家文博单位的大力支持与密切配合下，通过重新策划、调整展品，“三国志展”归国巡展于 2020 年 1 月在北京中华世纪坛艺术馆拉开帷幕，并在此基础上整理作品，搜集文本，著成此书。

此次策划结合最近十余年的曹操墓、曹休墓、东吴上坊大墓等重要墓葬发掘，注重与三国英雄人物相联系，并从“强汉兴衰”“天下三分”“重归一统”三个方面呈现自东汉末年至西晋一统期间的历史面貌，为观众还原了一段“真实”的三国历史。

在此，对给予此次展览和图书出版大力支持的各省、市、自治区文化文物行政主管部门以及参展单位表示衷心的感谢，对为共同筹备策划这一项目做出不懈努力的各相关文博单位及个人表示诚挚谢意。

序

文／冀鹏程
中华世纪坛艺术馆执行馆长

中华世纪坛艺术馆自成立以来，致力于通过创造性转化和创新性传播来重新解译和传承中华优秀传统文化。2019 年，我们携手中国文物交流中心引进其赴日文物大展“三国志”。三国文化经过千年流传，从史、志、演义等不同角度切入，深刻地塑造了国人的价值观念。这次文物展是出土数量非常少的三国时期文物的汇聚，从考古研究、实证角度介入那个时期的政治、经济、文化、生活等诸多方面，以期在北京给国内的观众们提供一个与三国文化现场对话、认知与思考的良机。

由中日专家历经几年筹备策划的“三国志”展，在日本东京国立博物馆和九州博物馆的举办获得了成功。作为归国展出的首站，中华世纪坛艺术馆极为重视，立足于新时代弘扬中华优秀传统文化的契机，联合中国文物交流中心、中国社会科学院考古研究所，邀请著名考古学家朱岩石先生开启了重新策划工作。我们围绕一统观、家国观、忠义观、英雄观来提炼价值观点；从家国情怀、政治谋略、军事智慧、文化修为、艺术造诣来展开文本阐释逻辑；从历史中的三国、文牍中的三国、演绎后的三国来遴选文物；以时代、事件、场景来铺陈展陈设计主线；围绕文物、文献、装置、互动媒介来优化内容形态。我们也设置了特殊解读视角，文物主线之外的辅线上，从地缘政治、制度法规、民间信仰、城市规划、文学艺术、生产生活等角度来重新认识汉之余辉、魏蜀吴之人设与创举、晋之警示。

历经短暂艰辛的筹备策划，“三国志——文化主题特展”于 2020 年 1 月 23 日在中华世纪坛艺术馆正式亮相。开展后因面临特殊疫情随即闭馆，虽然这些珍贵的文物暂时尘封在展厅中，但我馆立即组织人员、机构制作了展览的导览小程序、数字化展厅，举办多场网络直播活动，让观众们能够从线上云端观看了解展览的点点滴滴。同时，我们与中信出版集团合作，以展览内容为基础，编撰了《寻踪三国——文物里的魏蜀吴新图景》一书，领略真实三国的风貌，聆听历史深处的文明回响，以另一种形式来实现我们将三国文化鲜活地呈现给大家的初愿。

在此要感谢中国文物交流中心、中国社会科学院考古研究所、天禹文化和中信出版集团的各位同仁，还要感谢国内的四十三家文博单位和日本东京国立博物馆、日本九州国立博物馆。希望能帮助大家从有别于传统史志演义的角度去重新解读和理解中华优秀传统文化的基因和价值。

考古新发现折射的三国时代文化长卷

——近十年三国考古新发现概述

文 / 朱岩石

中国社会科学院考古研究所研究员

东汉末年（3世纪初），社会矛盾日益激化，随着黄巾起义的爆发，社会出现大动荡。全国各地群雄并起，相互征伐，战乱不断。建安九年（204年），曹操经由官渡之战打败袁绍，形成挟天子以令诸侯的形势。随后占据邺城，东汉朝廷政令均出自此地。建安十三年（208年）曹操统率汉军与孙权、刘备联军对峙于长江，此即历史上著名的赤壁之战。随着曹军的失利，魏、蜀、吴三足鼎立之势逐渐形成。建安二十一年（216年）曹操晋封为魏王，设天子旌旗，并召集群臣议事。曹魏时期与三国时代特色鲜明，为了适应社会的发展，曹魏在制度创新、文化创新、艺术创新等方面多有改革。曹丕在曹操死后废黜汉献帝，建魏称帝（220年），实行五都制度，这五个都城即洛阳、谯、许昌、长安和邺城[1]。这标志着从此进入中国历史上所称的“三国时代”。263年，三国中的蜀国灭亡，265年，魏国被西晋取代，三国时代结束。但实际上西晋灭掉南方的孙吴时已经到了280年。因此，在考古学的研究中往往将东汉建安年间至280年孙吴灭亡的时段视为广义的三国时期。

一、三国都市考古新进展

三国时期各地豪强割据，战争不断，社会酝酿巨变。在都邑制度、城市建设特色等考古学研究方面，三国时期遗址不断给我们提供新的资料，例如曹魏邺城遗址、洛阳汉魏故城遗址、镇江铁瓮城遗址、南京石头城遗址等，都是值得关注的考古发现。

曹操在邺城的营造引领了一个时代城市建设的发展。东汉末年曹操打败袁绍后占据邺城，他对邺城开始了全新的规划建设，邺城的单一宫城制度、中轴对称格局等规划思想对此后历代都城产生了长久的影响。2014 年，中国社会科学院考古研究所等对邺北城北城墙中段进行了勘探和试掘，该城墙位于香菜营乡显王村西北地。城墙呈东西走向，夯土最宽处约 17.7 米[2]。经发掘可知，北城墙夯土分为五大块，其中最早的夯土城墙宽 5.7 米、残高 1.72 米，夯土城墙基槽深约 0.5 米，夯层厚 6—20 厘米，夯土纯净。该城墙建造时恰破坏了一座汉代墓葬，综合判断其时代为东汉晚期至曹魏时期。这一发掘丰富了对曹魏邺城时代沿革的认识。

经过半个多世纪的考古工作，对于汉魏故城遗址所反映的北魏洛阳城平面布局已经取得比较公认的成果。据勘探，北魏宫城位居内城（即汉至晋代洛阳城）的北中部，其平面略作长方形，南北长 1398 米、东西宽 660 米，面积约为内城的十分之一。城垣上南面一门，即宫城正门阊阖门遗址，位于南垣中偏西处，是全城最大的

[1] 曹魏五都，因汉祚都洛阳、谯为先人本国、许昌为汉之所居、长安为西京之迹、邺为王业之本基，故并立五都。
[2] 何利群等. 临漳县邺城遗址邺北城北城墙中段勘探和试掘[M]//中国考古学年鉴2015. 北京: 中国社会科学出版社, 2016.

一座城门建筑。此后又发掘了阊阖门北的2号门址、3号门址，及东西长100米、南北宽60米的太极殿基址。太极殿基址两侧有太极东堂、太极西堂殿基，与3号门址等共同构成太极殿院落。

但是这个北魏宫城核心区与三国至西晋时期的洛阳城有什么关系，一直是困扰考古学界的重要课题。近十余年于汉魏故城取得的考古成果，极大地推进了我们对三国至西晋时期洛阳城宫城核心区的认识。汉魏洛阳城宫城2号建筑遗址，是一座三门道殿堂式门址，除不设双阙外，规模大小、形制结构都与2001—2002年发掘的阊阖门结构非常相似。2号建筑基址正北面的3号建筑遗址，也是北魏洛阳宫城主要轴线上的重要建筑，是经阊阖门、2号宫门，进入太极殿建筑群前最重要的门址建筑。从该遗址主体部分的形制结构、建造和使用的年代，可以明确宫城主要轴线上建筑设计的一致性[3]。汉魏故城北魏宫城西南角5号建筑遗址等一系列发掘，可以了解到宫城城墙、5号建筑等的始建年代不晚于魏晋时期[4]。

汉魏洛阳城宫城核心区最重要的发掘为太极殿（编号为“宫城中心区4号建筑”）、太极东堂的发掘。太极殿遗址位于宫城中部偏西北处，南距宫城正门阊阖门遗址约460米。2011—2013年汉魏故城考古队对北魏宫城4号建筑遗址进行了大面积勘察发掘，可以确认其就是北魏宫城的中心正殿“太极殿”[5]。该建筑由居中的主体建筑殿基和东、西两侧的附属殿基构成。结合相关文献记载可知，其两侧建筑基址应为“太极东堂”和“太极西堂”[6]。

考古发掘的阊阖门遗址、宫城2号门、3号门遗址以及太极殿遗址夯土基础部分均经过解剖，发现的早期夯土具有一致性，根据夯土中出土遗物分析，早期夯土应为魏晋时期所建（图1，图片引自注释5）。结合文献记载进行研究，阊阖门到太极殿这一宫城核心区宫室制度的确立，有可能肇始于在东汉废墟上重建国都的三国曹魏时期，其中又数魏明帝曹叡继位后在洛阳大兴土木广建宫室时的可能性

---

[3] 中国社会科学院考古研究所洛阳汉魏故城队．河南洛阳市汉魏故城发现北魏宫城三号建筑遗址[J]．考古，2010(6).
[4] 中国社会科学院考古研究所洛阳汉魏故城队．河南洛阳市汉魏故城发现北魏宫城五号建筑遗址[J]．考古，2012(1)；中国社会科学院考古研究所洛阳汉魏故城队．河南洛阳市汉魏故城魏晋时期宫城西墙与河渠遗迹[J]．考古，2013(5).
[5] 中国社会科学院考古研究所洛阳汉魏故城队．河南洛阳市汉魏故城发现北魏宫城四号建筑遗址[J]．考古，2014(8).
[6] 中国社会科学院考古研究所洛阳汉魏故城队．河南洛阳市汉魏故城发现北魏宫城太极东堂遗址[J]．考古，2015(10).

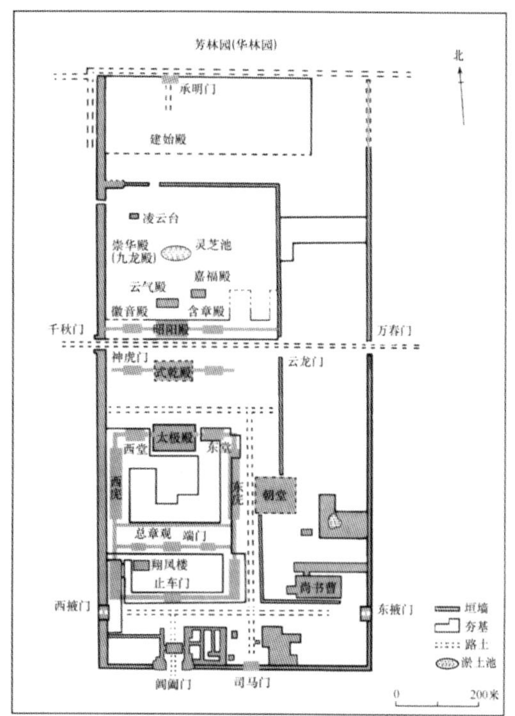

图 1　魏晋洛阳城宫城核心区平面示意图

最大[7]。从太极殿的发掘收获，回溯此前十余年该城宫城南区的考古工作，基本可以确定曹魏洛阳城之后，形成了以宫城南门阊阖门为起点、经由 2 号和 3 号宫门至太极殿的宫城轴线建筑。这是深入研究中国古代宫城制度的重要考古资料。

2003 年、2004 年镇江铁瓮城遗址考古工作丰富了我们对三国吴地早期都城的了解[8]。通过抢救发掘南门遗址，揭示出南墙、南门墩台、道路等遗迹。文献表明该城始筑年代为孙吴政权建立之初的建安十三年（208 年）[9]。依发掘资料，南门道路遗迹地层关系较明确，涵盖了从东汉末年建安年间孙吴时期到近现代的底层堆积，其中六朝道路可分五期，第一期为始筑阶段，道路直接叠压在生土之上，为孙

[7] 曹丕称帝（220 年）进入三国时代，邺城乃为三国魏的五都之一，五都之首的洛阳城改建则直接受到曹魏邺城的影响。魏明帝（226—239 在位）时期的以营造太极殿为契机的洛阳城大规模改建，很可能突破了东汉都城南北二宫制度而参照了曹魏邺城单一宫城的建筑格局。从西晋左思创作出“洛阳纸贵”的《魏都赋》可见一斑，左思咏颂的“魏都”竟然不是洛阳而是邺城，这反映出曹魏邺城在魏晋人们心目中的独特地位。青龙三年（235 年）洛阳大兴土木，起太极、昭阳诸殿，以昭示国家的强盛。太极殿落成之后，即成为曹魏皇宫的正殿，这是曹氏皇族对曹魏发祥地邺城宫室制度的继承与发展。

[8] 镇江古城考古所等 . 镇江铁瓮城南门遗址发掘报告 [J]. 考古学报 , 2010(10).

[9] 据南朝《舆地志》，铁瓮城为三国“吴大帝孙权所筑，周回六百三十步，开南、西二门，内外皆固以砖壁”。

吴—西晋时期。在南门遗址的城垣、门墩遗迹的包砖墙、修补的墙段的地层年代分别与六朝道路有明确对应关系，归纳起来南门遗址基础最早始筑于孙吴时期。孙吴时期的铁瓮城以及南门、城垣建造，表现出的诸多建筑特色值得关注：其一，城垣依山而筑。城垣是在土岗山体的外侧加筑 1—2 米宽的夯土，夯土外侧再加砌包砖墙，以包砖墙、夯土和土岗山体浑然一体地构筑而成。铁瓮城南门选址于东西向土岗之上，利用山体作为建筑的基础部分，然后再在外侧加筑夯土、砌包砖墙。其二，南门建筑的砖墙砌造工艺有时代的先进性。孙吴至东晋时期的城垣包砖墙采取了等宽砌造法，此后墙体包砖进一步发展为“一顺一丁”砌造法，既节省了大量砖材，又加强了砖墙与夯土的咬合力度。

此外，南京大学在南京清凉山发掘的石头城城门与夯土城墙是三国都市考古的又一项重要收获 [10]。辽宁省文物考古研究所发掘的北票市金岭寺魏晋建筑遗址，清理出三组属于魏晋之际慕容鲜卑所建的大型建筑遗址以及外围环壕，该资料也很重要 [11]。

二、陵墓考古新收获

三国是一个英雄辈出的年代，因为后世《三国演义》的文学描绘，三国的历史名人群像不仅在中国家喻户晓，也为日本、韩国民众所熟知。所以三国名人墓葬的考古发现很容易被人们关注，成为茶余饭后的谈资。2008 年，河南省安阳县西高穴大墓的发现，就曾在国内引发热烈的讨论。三国时期年代可确认为曹魏的墓葬近年有些重要发现，如安阳西高穴大墓（也称为“曹操高陵”）（参见书中 153 页）[12]、洛阳三国曹休墓（参见书中 162 页）[13]、洛阳西朱村曹魏墓等 [14]。《曹操高陵》一书于 2016 年出版后，为配合曹操高陵博物馆建设，河南省文物考古研究院等单位又在西高穴 2 号墓、1 号墓附近进行了勘探发掘，该工作的发掘简报更正了《曹操高陵》一书中有关墓园平面布局等的严重不足与失误，这也成为日后深入研究西高穴 2 号墓与曹操关系的重要考古资料 [15]。

---

[10] 贺云翱等 . 南京石头城遗址 1998 ～ 1999 年勘探试掘简报 [J]. 东南文化 , 2012(2).

[11] 辽宁省文物考古研究所等 . 辽宁北票市金岭寺魏晋建筑遗址发掘 [M]// 辽宁考古文集（二）. 北京 : 科学出版社 , 2011.

[12] 河南省文物考古研究院 . 曹操高陵 [M]. 北京 : 中国社会科学出版社 , 2016.

[13] 洛阳市第二文物工作队 . 洛阳孟津大汉冢曹魏贵族墓 [J]. 文物 , 2011(9).

[14] 洛阳市文物考古研究院 . 河南洛阳市西朱村曹魏墓葬 [J]. 考古 , 2017(7).

[15] 河南省文物考古研究院等 . 安阳高陵陵园遗址 2016-2017 年度考古发掘简报 [J]. 华夏考古 , 2018(2).

中国南方近年考古发掘的三国时期重要墓葬主要集中在江苏南京、苏州，安徽马鞍山，湖北襄樊，广西合浦，广东广州等地。

南京市博物总馆 2009 年在雨花台区宁南街道清理发掘古墓葬和遗址六十余处，古墓葬中的农花村 M19、宁南大道 M20 为孙吴时期墓葬 [16]，这两座墓葬出土遗物丰富，其中 M19 内出土的青瓷扁壶具有较高的艺术价值。M19 为吕字形双室穹隆顶砖墓，由墓道和墓室组成。前室与后室的西壁上砌有数块“天玺元年十月五日作”铭文砖。天玺元年即 276 年，出土器物也具有这个时代的特征。M20 内未发现有明确纪年的文字，由于出土的青瓷碗、红陶双系罐与 M19、江宁上坊天册元年墓同类器物相同，故推测 M20 的时代亦应为孙吴晚期。

苏州市考古研究所 2016 年在苏州市虎丘路新村土墩抢救发掘了一座孙吴时期高等级墓葬 [17]。该墓葬南北长近 15 米、东西宽约 10 米，北为墓道、南为墓室，这种前后墓室均为穹隆顶、前室有耳室的东吴墓，规格仅次于南京上坊大墓。部分墓砖上有几何纹和钱纹，在大墓旁的一座墓葬中还出土了“吴侯”铭文砖。结合该墓出土的一批珍贵金银器、青铜器和瓷器，发掘者推测该墓为东吴晚期王侯级别的皇室成员。

安徽省当涂县姑孰镇“天子坟”孙吴墓是一项值得关注的考古资料 [18]。该墓坐北朝南，由封门墙、墓门、甬道、前室（含东西耳室）、后室构成，建筑面积约 93 平方米（图 2，图片引自注释 18）。现存封土南北 47 米、东西 35 米，最高部分达 3.1 米。墓葬已被盗掘，但还是出土了大量精美文物，包括金、银、铜、铁、琉璃、绿松石、漆等不同质地的文物（图 3，图片引自注释 18）。

湖北襄樊市文物考古研究所 2008 年在樊城区建设路与长虹路交叉口的东南部抢救性发掘了樊城菜越 M1[19]。该墓保存状况较好，未被盗掘，由斜坡墓道、墓坑、砖室等组成。后室出土两具木棺，西棺内随葬有铁刀、铁剑、铜弩机、玉佩、金饼、银饼等，东棺内随葬有金手镯、银指环、水晶玛瑙串、铜熨斗等，据此初步判断为

---

[16] 南京市博物馆等 . 南京市雨花台区孙吴墓 [J]. 考古 , 2013(3).

[17] 苏州市考古研究所 . 江苏苏州虎丘路新村土墩三国孙吴 M1 发掘简报 [J]. 东南文化 , 2019(6).

[18] 叶润清等 . 安徽当涂发现高等级东吴宗室墓葬“天子坟”[N]. 中国文物报 , 2017-3-10(8).

[19] 襄樊市文物考古研究所等 . 湖北襄樊樊城菜越三国墓发掘简报 [J]. 文物 , 2010(9); 襄樊市文物考古研究所等 . 湖北襄樊樊城菜越三国墓发掘报告 [J]. 考古学报 , 2013(3).

图 2　安徽马鞍山天子坟

图 3　安徽马鞍山天子坟出土金银器

图 4　襄樊菜越三国墓出土陶楼

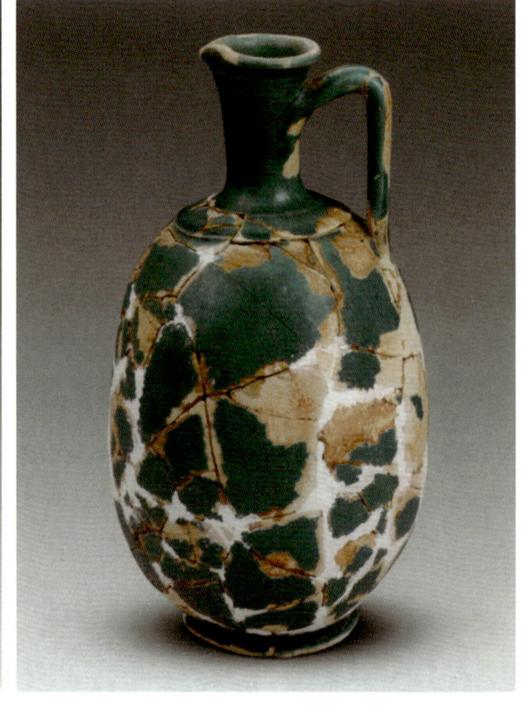

图 5　广西合浦三国墓出土绿釉陶瓶

夫妻合葬墓（图 4，图片引自注释 19）。M1 的前室和后室均采用四隅券进砌法结顶，这种结构在该地区最早出现于东汉末年；随葬陶器组合虽有东汉晚期风格，但出现了较多三国时代特征的器物，故判断 M1 的年代为三国孙吴早期墓葬。该墓出土了目前三国墓葬中最大的铜马等精美器物，目前推测该墓应为比列侯级别略低的将军合葬墓。

广西文物考古研究所等单位于 2008 年、2009 年 3 月在合浦工业园区的建设工程中，对寮尾墓地的三十二座古墓进行了发掘[20]。发掘的三十二座墓葬略呈带状分布，较明显地分为东北区、中区和西南区。除两座墓葬为砖木结构外，其余均为砖室墓，十座残存有封土。从墓葬形制、出土遗物特征等方面，发掘者将墓葬分为三期。M1、M2、M6、M7、M10、M12、M19、M21—M30 属于第三期，其中的随葬器物与第一期（东汉晚期）相差甚远，年代应为三国时期。而第二期为过渡期，也被归为三国时期。这批资料对于研究汉晋时期海上丝绸之路十分重要（图 5，图片引自注释 20）。合浦是汉代海上丝绸之路的重要港口[21]，三国时期，合浦属孙吴辖地，黄武七年（228 年），合浦郡改称"珠官郡"。寮尾墓地三国时期墓葬中出土的钠钙玻璃等为合浦港的研究提供了新资料。此外，寮尾墓地的发掘表明，在墓群边缘地带墓葬主体是三国时期墓葬，这对了解国家重点文物保护单位"合浦汉墓群"的文化内涵、墓葬编年研究等具有重要的学术价值。

广州市文物考古研究院在中山大学北校区发掘了十四座砖室墓，其中四座为东汉三国时期，十座为晋南朝时期[22]。东汉三国墓资料对于当地汉晋时期"族葬"形式、随葬瓷器制作工艺、东吴集团入主广州地区等方面的研究具有一定意义。

上述中国南方东汉末至三国时期的墓葬对于研究孙吴政权的消长、丧葬制度与地方埋葬习俗等都提供了新的一手资料，对于研究汉代考古学文化向东晋南朝考古学文化的演进具有重要意义。

---

[20] 广西文物考古研究所等 . 广西合浦寮尾东汉三国墓发掘报告 [J]. 考古学报 , 2012(4).

[21]《汉书 · 地理志》载："自日南障塞、徐闻、合浦船行可五月。"

[22] 广州市文物考古研究院 . 中山大学北校区砖室墓发掘简报 [J]. 广州文博 , 2015(8).

此外,边疆地区一些汉魏时期墓葬的发掘为研究丝绸之路考古提供了新资料。例如,新疆文物考古研究所 2007 年、2010 年发掘的库车友谊路魏晋十六国时期墓葬[23]。墓地位于新疆库车县克孜勒塔格山南、库车河出山口南面的角砾石冲积扇上，发掘编号为 M1—M10，其中砖室墓七座（竖穴砖室墓二座，斜坡墓道砖室墓五座）。这批在新疆地区发现的砖室墓格外引人关注。墓葬形制的特征为中原内地汉式风格的墓葬，在墓葬形制、埋葬方法、随葬器物等方面，与甘青河西走廊的魏晋时期墓葬相近，推断其年代应为三国至十六国时期。发掘者认为这批砖室墓墓主很可能是受到汉地文化影响的龟兹贵族，或者是来到龟兹的河西地区豪族。

三、其他考古发现与研究成果

东汉晚期至三国时期是中国南方青瓷手工业发展的重要阶段，近年在浙江、福建发现的青瓷窑址为学界提供了深入研究的重要资料。

例如,浙江省文物考古研究所 2015 年发掘了绍兴市上虞区凤凰山三国至西晋窑址[24]，该窑址位于绍兴市上虞区上浦镇大善村北的凤凰山东南麓，是三国至西晋时期的典型代表。在此发掘了窑炉一处，该窑炉为长条形斜坡状龙窑，包括了火膛、窑床、窑尾等，结构保存较完整。窑址制作的产品种类相当丰富，主要包括碗、罐、盆、洗、盘口壶等近三十种器类。生产的许多产品器形巨大、造型复杂、装饰华丽，无疑代表了三国至西晋时期青瓷器制作的最高水平。除日用器物外，部分器物用途则属于礼器，如簋、樽、虎头罐等。从目前的考古材料来看，凤凰山窑址产品质量精、档次高、种类丰富、器形复杂、胎质细腻、青釉莹润、装饰华丽、装烧成熟，反映了三国至西晋时期窑业发展的最高水平。所发掘的窑炉属于早期三段式龙窑向唐宋时期龙窑的过渡阶段，反映了制瓷工艺技术转变的关键阶段的面貌。

此外，福建博物院考古研究所 2011 年在政和县发现的一座东汉晚期至三国时期青瓷窑址，也为三国时期福建地区制瓷手工业考古研究提供了新资料[25]。窑址位于

[23] 新疆文物考古研究所等 . 新疆库车友谊路魏晋十六国墓葬 2010 年发掘报告 [J]. 考古学报 , 2015(4).
[24] 郑建明 . 上虞区凤凰山三国至西晋窑址 [M]// 中国考古年鉴 2016, 北京 : 中国社会科学出版社 , 2017.
[25] 福建省博物院等 . 福建政和县发现东汉晚期至三国时期窑址 [J]. 南方文物 , 2013(4).

政和县石屯镇长城村西面约 400 米，窑址所在山体为象山。在象山西坡的中下段调查时发现了大量瓷器和窑具的堆积，采集地点在中上段至山顶地势略下凹之处，推测为窑炉位置。从采集的标本观察，象山窑产品除罍为泥条盘筑外，其余均为拉胚成型。器物基本上采用倾斜浸釉法施釉，产品均采用明火裸烧。象山窑没有发现纪年遗物，只能从产品特征观察。从纹饰、部分器物形制及窑具观察，推测政和象山窑址的年代可能为东汉晚期至三国吴中期。

对于三国时期出土文献的研究，1996 年长沙走马楼三国吴简是值得关注的方面，这批吴简的保护、修复、刊布（参见书中 130 页），可视为 21 世纪汉晋出土文献整理的最重大成就之一[26]。

从上述典型考古发现资料不难看出，对三国时代的考古工作方兴未艾，重要发现层出不穷。三国时期都市考古工作周期长、难度大，但近十余年来依然取得了非常丰硕的成果。以往，中国北方明确为三国时代的墓葬资料比较匮乏，自 2008 年河南安阳高陵西高穴大墓发掘以来，河南洛阳、安阳等地陆续出土了一系列曹魏时期的重量级墓葬，为可遇而不可求的重要学术成果。而中国南方三国时期的墓葬资料以往就有较丰富的积累，近十余年来新发现的墓葬考古资料中又有非常重要的补充。本次展览及书中便囊括了这样一些新出土的考古资料，对于观众而言，堪称一次难得的文化盛宴，浓墨重彩地书写了三国时代生动的文化长卷。

---

[26] 徐畅．走马楼吴简竹木牍的刊布及相关研究述评 [J]. 魏晋南北朝隋唐史资料，2015 年 (31 辑).

第一章　强汉兴衰

汉秉威信，总率万国，日月所照，皆为臣妾。

——《后汉书·南匈奴列传》

两汉国力强盛，文化发达，国家的繁荣为统治阶层的优渥享受提供了全方位保障，从皇室、王侯到各级贵族生活奢侈，讲究礼制，我们在《史记》《汉书》《后汉书》等文献中不难发现这类生动而富于细节的描述。被书写的历史显然无法填补我们与两千年前真实历史之间的鸿沟，而恰好汉朝人又是极其坚定地拒绝切断自己与身后世界的连接——他们相信死亡并不意味触达终点，因为灵魂仍能在另外一个令人无限憧憬的神仙世界里永生。于是他们将满溢的仓廪、成群的牲畜、如山的金铜、高耸的楼阁制成明器随葬，当雕刻在墓室建筑和棺椁上的天神羽人引领灵魂飞升至天界后，他们将借由丰厚的随葬器皿让死后生活持续保有奢华。我们当然无法得知他们心愿的达成情况，但汉人精心构建的一座座墓葬却成为生命力极强的线索，在强御繁茂随岁月沉入地下两千年后，又重新提供了读解历史的旁证和审视历史的角度，提醒我们对于一个意蕴丰富的未知世界的想象与探索，不仅能寄托于未来，也可以存在于过去。

一、长乐未央

制盐画像砖：盐铁的泽世之功

制盐画像砖

东汉
长 46.6 厘米、宽 36.6 厘米、厚 5 厘米
四川省成都市花牌坊出土
四川博物院藏

这件藏品表现四川地区制作井盐的忙碌场景。画面左边是一高大井架，四人从地下吸取卤水，通过竹筒将盐卤引入右下角的灶锅内，有三人在灶旁操作，或搅拌，或扇风，山间另有五人在背柴和狩猎。四川地区富含高盐度的地下水，自先秦以来就有井盐生产的传统。汉武帝时推行盐铁专卖，但益州豪族并未受到影响，继续通过制盐聚敛财富，如左思《蜀都赋》曰："家有盐泉之井，户有橘柚之园。"刘备入川后，重启盐铁专卖，盐业收入为蜀汉的军事远征提供了重要的经济支撑。

拓片

汉武帝在位的53年是西汉王朝的鼎盛时期，也是多项重大改革举措集中并施的时期。在对内逐步战胜地方割据，加强中央集权统治，对外开边征伐的大背景下，汉朝从经济、司法、吏治、外交到民生、文化等方面均发生了对后世影响深远的变局。

西汉初期随着经济增长和政治扩张，贸易规模也日趋扩大，不可避免地与周边文明产生冲突。基于国家实力与安全的考虑，汉初统治者谨慎地选择与其他文明的交涉手段，采取和亲、赐赠等方式维系对外和平，争取邻邦的归顺。这样的政策一直持续到汉武帝时期，开边征伐才开始成为王朝对外政策的主旋律。战争无疑带来巨大的军费开销，必然需要更多的资源来支撑国家的正常运转与安全稳定。元狩年间，汉代统治者推出盐铁官营的主张，围绕盐、铁两种国民生存必需品的“专卖”政策便应运而生。

汉代制盐大概有海盐、井盐、岩盐等几类。海盐产区主要在沿海一带，内陆地区则多产井盐。四川盆地自古有丰富的盐资源，自贡和临邛（今邛崃）更是盛产优质井盐，由中原地区来到蜀地的大批移民也为这里的制盐业提供了必备的劳动力及技术保障。这块收藏于四川博物院的制盐画像砖反映的便是东汉蜀地人民煮盐的场景。古代制盐有日晒、煎煮等法，若要形成规模化制造必然需要借助技术以提高生产效率。在今天的四川邛崃有一处名为“火井”的古镇，镇上仍留存古代火井遗迹，表明和两千年前蜀地先民的一线关联——所谓“火井”，指的是天然气从地表溢出，遇火燃烧。劳动者发现了天然气的这一特点，遂用竹筒存导气体，引火煮盐，以扩大生产，实乃借天时地利之便的聪明创举。

盐铁收入保障了汉军多年战争的军费，也为汉王朝增加了巨额的财政收入，但武帝外兴征伐，内兴聚敛的大政方针也直接给百姓带来了很多痛苦。武帝去世后，朝廷召集贤良、文学六十余人与当朝公卿田千秋、御史大夫桑弘羊进行了一场策问。这场策问因“问民间所疾苦”而起，发展成一场围绕武帝内外政策得失的大辩论，关于国家盐铁专营措施的讨论在开始便被文学提出责问。贤良、文学与朝廷要员的弘辩被记录编撰成《盐铁论》流传至今，而那些遭受着盘剥压迫，却在极其艰苦条件下从事创造性劳动的生产者，则以另一种方式留下了他们的痕迹，这块制盐画像砖便为这段历史做了一点虽非振聋发聩，但却生动鲜活的补充。

— * —

赵过是汉武帝在其统治后期任命的搜粟都尉。因“悔征伐之事”，武帝下诏曰：“方今之务，在于力农。”命赵过专事农业改革，以增加北方干旱地区的粮食产量，提高农民的种植效率。赵过极有条理，并富于耐心地完成了这项国之要务，《汉书·食货志》中的一篇详细记录了这个过程：他先是在离宫空地以代田法做实验，证实这一种植方法确实能显著提高粮食产量，继而命各地官员组织能工巧匠统一制作轻巧便捷的新式田器。为了让民间真正普及应用这些经过严格验证的新技术和新工具，赵过显示了一位行政长官卓越的执行和统筹能力，他一方面遣各地令长乡官及善农事者带头学习“耦犁”，学耕种养苗，一方面种植试验田并扩大产区，最终实现“民皆便代田，用力少而得谷多”，成果颇丰。

《汉书》中对使用“耦犁”这一新发明时的“二牛三犁”之法并未做详解，引起后世学界注疏争讼，但赵过希望通过改善农具以提高生产效率、俭省人工的目的显然达成了。后世在这个基础上又发展出一人扶犁并驶二牛的方法。嘉峪关

复原的耧车

市魏晋1号墓出土的《耕种图》画像砖上就生动描绘了这样的劳动场景：画面最前方二牛驾犁，一男子扶犁操纵方向，耕出槽沟后由中间的女子负责播种，她的身后跟着二牛一人踩耱，以平整耕地，减少土壤中的水分蒸发，便于种子生根。

一些后世出土的汉代实物可以为我们补充更多对汉代农耕情况的认识，如涿州博物馆收藏的铁犁铁铲便是汉人使用铁制农具的实证。铁犁坚固耐用，犁口锋利，中央有上宽下窄的一段凹槽。与前代相比，汉代农民显然享受了这些工具带来的便捷，形制多样的犁让农民可以因地制宜选择更合适的深耕方式，加上冶铁业的迅速发展，这些铁质农具可以被大量地于田间地头普及使用。无论是前文所述的"耦犁"、二牛一人的"抬杠式长辕犁"还是后来一牛一人的"短辕犁"，每一次生产工具的革新和生产技术的改进，都意味着农业生产效率的逐步提高。

《汉书》中对赵过推广代田法和"耦犁"等新技术的记述是汉代农业生产进步的一个典型片段，而这一类的例子不胜枚举。如汉代农民已经开始根据二十四节气和武帝时制定的"太初历"安排生产时间；他们在同一块土地上采取复种、套种的耕作模式，提高产量的同时改善土地品质；另外在黄河、淮河、汉水流

《耕种图》画像砖，甘肃省博物馆藏

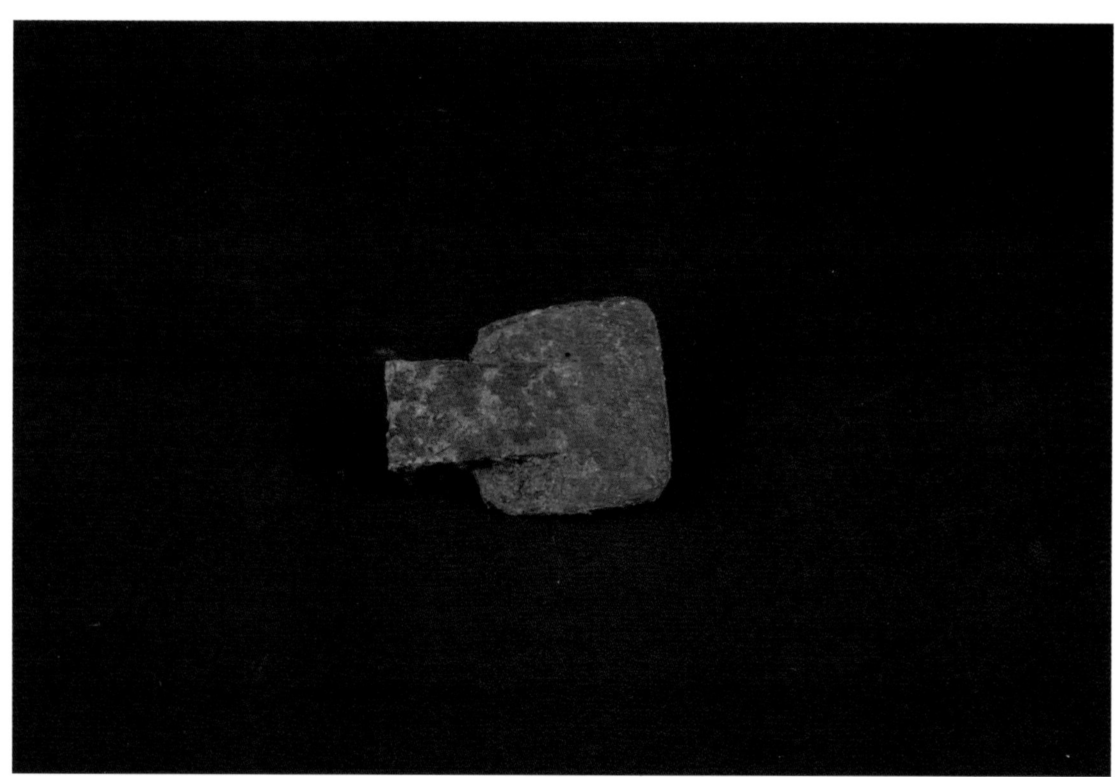

铁铲

东汉
长 10.7 厘米、宽 10 厘米
河北省涿州市家园工地出土
涿州博物馆藏

域以及四川盆地等农业发达的地区，官方和民间修建了很多水利工程，通过建水库、引水渠、挖水井等方式解决灌溉问题，扩大灌溉面积……

汉武帝时期自然灾害颇多，特别是旱灾和蝗灾，史书中屡见记载。自然灾害往往会成为撼动王朝统治根基的导火索。加之西汉初年以来土地兼并严重，破产的农民暴动频发，朝廷的严刑峻法难以解决愈加尖锐的社会矛盾，汉朝早期自上而下坚定地大力发展农业，调整对内的统治方法，必然是受到这些因素影响的，而农业的恢复和发展又为汉王朝接下来几百年的稳定繁荣做出巨大积极贡献。华夏大地自古以农业立国，所谓江山社稷，“社稷”二字正是古人祭拜的土地五谷二神。《汉书》中所言：“食足货通，然后国实民富，而教化成”，自然与农耕文化的朴素逻辑一脉相承，身处漫漫五千年历史长河中的一个片段，辉煌的汉代文明无疑也从这一谷一粟中得到了滋养。

四川博物院收藏的酿酒画像砖和渔猎采莲画像砖拓片

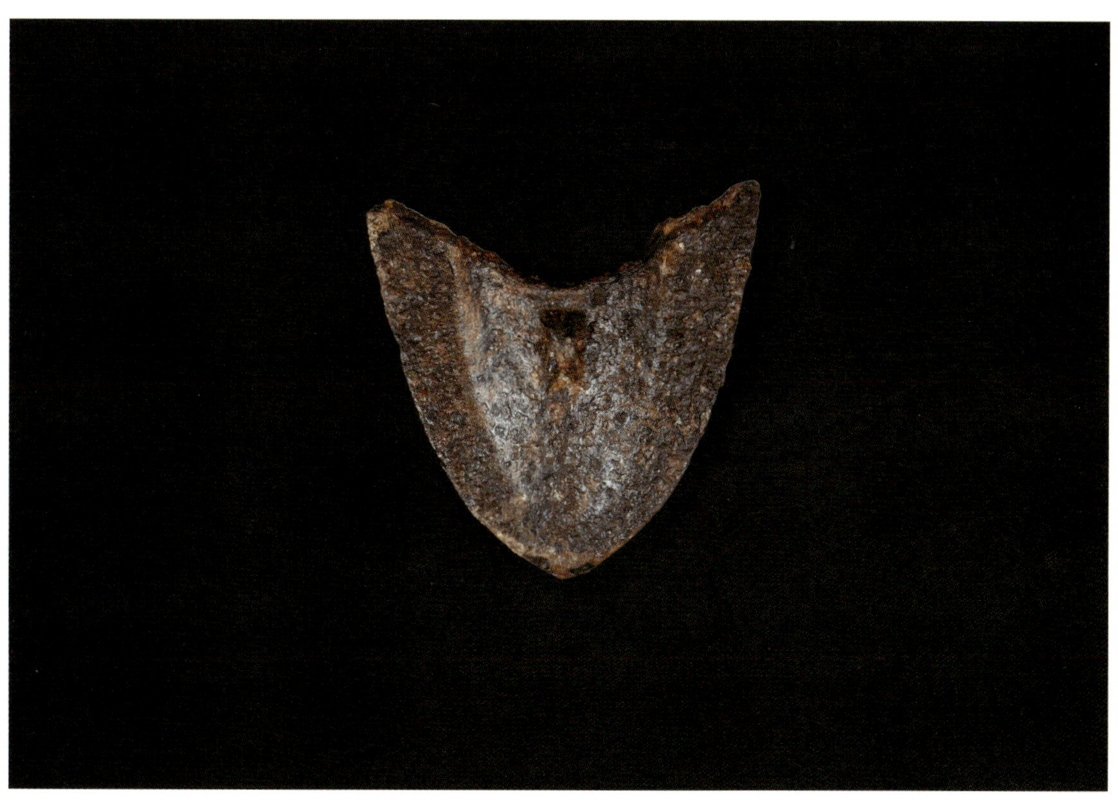

铁犁

东汉

长 15 厘米、宽 15.5 厘米

河北省涿州市家园工地出土

涿州博物馆藏

方今之务，莫若使民务农而已矣。欲民务农，在于贵粟；贵粟之道，在于使民以粟为赏罚。今募天下入粟县官，得以拜爵，得以除罪。如此，富人有爵，农民有钱，粟有所渫。夫能入粟以受爵，皆有余者也；取于有余，以供上用，则贫民之赋可损，所谓损有余补不足，令出而民利者也。

——《汉书·食货志》

文学对曰：『窃闻治人之道，防淫佚之原，广道德之端，抑末利而开仁义，毋示以利，然后教化可兴，而风俗可移也。今郡国有盐、铁、酒榷，均输，与民争利。散敦厚之朴，成贪鄙之化。是以百姓就本者寡，趋末者众。夫文繁则质衰，末盛则质亏。末修则民淫，本修则民悫。民悫则财用足，民侈则饥寒生。愿罢盐、铁、酒榷、均输，所以进本退末，广利农业，便也。』

——《盐铁论·本议第一》

铜车马：等级与荣耀

汉代铜骑俑及铜马、铜车

汉代
甘肃省武威市雷台汉墓出土
甘肃省博物馆藏

这批铜俑出土于著名的雷台汉墓。此墓位于甘肃武威，墓室结构分前、中、后三室，均以砖砌筑而成，规模较大，虽遭盗掘，但仍出土文物共二百三十余件，其中含铜车马类仪仗俑九十九件，著名的“马踏飞燕”即包含在内。这是我国首次发现大批、成组的铜质车马俑，也是迄今所见规模最大的一组，可分为骑马武士、铜马、铜轺车、铜輂车、铜斧车等，生动再现了汉晋时期高级官员的出行仪仗。发掘者根据铜马上所刻“守左骑千人张掖长”等铭文以及出土印章上的文字，判定墓主人为河西地区的张姓军事长官，其官秩级别应为二千石。

持矛铜骑士俑

高 55 厘米、长 33 厘米

队列最前方是一组骑士，作为出行队伍的导骑，他们手中均持有矛或马戟，这是汉代骑兵最常用的长柄格斗武器。

铜轺车

高 44 厘米、长 56 厘米、宽 44 厘米

轺车为汉代马车的一种，根据文献解释，轺即“遥”，轺车没有封闭的车篷，四面敞开，可以望远，因此得名。

铜辇车

高 40.5 厘米、长 73.5 厘米、宽 29 厘米

辇车为妇女所乘坐，完整的辇车带有卷篷，保密性较好。雷台汉墓出土三辆铜辇车，驾车的马胸前分别刻有“张君夫人”“张君前夫人”“张君后夫人”的铭文，而且点明这些车为辇车。

持戟铜骑士俑

高 54 厘米、长 33 厘米

铜牛车

牛车高 25.9 厘米、长 67.1 厘米、轮径 20 厘米；
牛高 20.1 厘米、长 30 厘米

中国古代的车舆制度由来已久。《礼记·檀弓下》有载："国君七个，遣车七乘；大夫五个，遣车五乘"，可见早在春秋时期，车马使用就已有严格的规制。秦代在其基础上进一步确立了车舆制度——于秦始皇陵出土的铜车马便是可靠形象的实物例证。秦始皇陵铜车马由安车和立车构成，前者用于乘坐，后者用于警卫，它们被认为是"五时车"中的一组，当时车舆制度的高度发展由此可见一斑。

随着汉代社会经济的稳定发展，车舆制度愈加完备，车辆类型也愈加丰富。汉代的常见车型有轺车、斧车、辎车、軿车、轩车、辇车、轓车、葦车、兵器车和牛车等，功能各不相同。例如，轺车是仪仗队的前导车，由车、伞、御奴组成，四面敞露，可四向远望；葦车常为妇女乘坐；牛车用来运输。到了魏晋时期，由于牛车更为舒适平稳，牛车的地位逐渐上升，取代马车成为当时主要的交通工具。

《后汉书·舆服志》详细记录了东汉君主与各级官员的舆服典制，其中便包括车辆数目、车型、车马纹饰等。作为中国古代礼制的重要组成部分，车舆制度与官吏等级制度关联紧密，"尊卑上下，各有等级"。两汉墓葬中屡有铜车马实物出土，其中1969年9月在甘肃武威城北雷台汉墓出土的九十九件铜车马仪仗俑便是迄今国内发现数量最多、阵容最大的汉代铜车马仪仗俑。这套车马仪仗俑排列严整，气势撼人，是墓主人生前的荣耀与风光在地下世界的延续。除车马实物外，汉代墓葬中也常有表现车马出行主题的墓室壁画和画像砖、石，以彰显墓主人生前的威仪和显赫地位。但也有学者指出，尽管车马出行仪仗是汉代人身份地位的重要象征，但部分使用这类画像砖的墓主人为当时社会中下层人民，车马出行与他们现世的身份并不相称，或许是出于他们对下一世的美好憧憬。

— * —

"马者，甲兵之本，国之大用。"汉王朝

长年受边境各族，特别是匈奴袭扰，士兵和战马不敷使用。“神马当从西北来”，汉武帝为了补足军马，主动向域外寻求优良马种。建元三年（前138年），张骞奉命出使西域，归来时为汉武帝带回了乌孙和大宛有宝马的佳讯。汉朝同乌孙通过和亲建交结盟，“乌孙以马千匹聘”，汉朝获得了“西极马”马种。然而同大宛国的交涉并不顺利，武帝遂命李广利率兵远征大宛，历经苦战，最终带回“汗血宝马”，赐名“天马”。大量西域良驹的引进改良了中原马种，汉马“既杂胡马，马乃益壮”。

马匹的金铜塑像在汉代常被作为相马范本以甄选良驹，如出土于茂陵东侧的鎏金铜马相传以汗血宝马为原型塑成，曾是用于鉴别良马的标准模型，后作为陪葬品尘封地下。汉代墓葬出土文物中，常常能见到西域宝马的风姿：武威城北雷台汉墓出土的铜从骑，马腿修长，前蹄微抬，马尾高翘，动静之间尽显气势；同墓出土的另一件铜奔马，也就是闻名遐迩的“马踏飞燕”，四肢轻盈，整体呈天马行空之姿，铸就人们心中汉代良马的经典形象。汉墓中相关题材的墓室壁画和画像砖、画像石也并不鲜见，如

鎏金铜马，西汉，陕西省汉武帝茂陵东侧出土

马踏飞燕（铜奔马），东汉，甘肃省武威市雷台汉墓出土

四川成都市郊东汉墓出土的四骑吏画像砖，用浅浮雕手法刻画了四匹奔马，一飞奔向前，一回首顾盼，一埋头飞驰，一昂首嘶鸣，姿态生动鲜活，足见当时人们对马的观察及艺术表现都达到极高的水准。

神仙世界为汉人心之所向，其中最为后世熟悉的莫过于汉武帝求取丹药一事，广泛流传于历史文献及后人的演绎附会中。"天马"在当时便曾被神化为能腾云驾雾的神马。《史记・乐书》云："又尝得神马渥洼水中，复次以为太一之歌，歌曲曰：太一贡兮天马下，沾赤汗兮沫流赭。骋容与兮跇万里，今安匹兮龙为友。"歌中龙马并举，称天马在天上与龙为友，《汉书・礼乐志》中也收录了两首含意相似的天马歌，都是这一思想的写照。

四骑吏画像砖拓片，东汉，四川成都市郊出土

天马徕，从西极，涉流沙，九夷服。天马徕，出泉水，虎脊两，化若鬼。天马徕，历无草，径千里，循东道。天马徕，执徐时，将摇举，谁与期？天马徕，开远门，竦予身，逝昆仑。天马徕，龙之媒，游阊阖，观玉台。太初四年诛宛王获宛马作。

——《汉书・礼乐志》

人物画像砖

东汉

长 16 厘米、高 15 厘米、厚 5.4 厘米

安徽省亳州市白果树街出土

亳州博物馆藏

拓片

车马过桥画像砖

东汉

长 45.5 厘米、宽 40 厘米、厚 6.4 厘米

四川省成都市跳蹬河出土

四川博物院藏

拓片

辽阳北园汉墓壁画摹本

1944 年

辽宁省博物馆藏

楼阁图

骑马图

辽阳北园汉墓壁画摹本

1944 年

辽宁省博物馆藏

车列图

陶仓楼：
从地下世界到世外仙山

五层连阁式彩绘陶仓楼

汉代
面阔 144 厘米、进深 69 厘米、高 161 厘米
焦作市山阳区马作出土
焦作市博物馆藏

——

汉代储存粮食的大型设施有地下窖穴和地上的仓、囷、仓楼这两大类，陶仓楼即模仿现实当中的仓楼，亦属于模型明器。陶仓楼间接反映出两汉时期农业之发达，同时也生动体现“事死如生”的丧葬观念。豪强们在生前占有大量的土地、庄园和佃户，也希望在死后世界中继续享有丰饶的物资，以陶仓楼随葬正是这种愿望的表现。

在汉代，陶仓楼的分布范围主要集中在中原地区，其中又以焦作陶仓楼最具地方特色，目前已发现一百余件，大多气势宏伟、造型精致，并施以色彩丰富的彩绘图案，根据样式的不同，可分为楼院式陶仓楼、连阁式陶仓楼、联仓式陶仓楼、简式陶仓楼、模拟式陶仓楼五种类型。陶仓楼均为两层以上，有单体的，也有通过复道连接起来的连阁式仓楼。通过观察研究可知，这些复杂的陶明器并非一体制成，而是先将各部件分别制作，再拼装组合，各部件的尺寸遵循一定的标准，应当存在特定的“模件体系”。

局部

彩绘陶院落

东汉
面阔 83.2 厘米、进深 81 厘米、高 40.8 厘米
河南省焦作市山阳区碱业公司出土
焦作市博物馆藏

这件陶院落出土于焦作东汉墓中，系典型的汉代模型明器。院落布局为方形，以三堵墙壁围绕，正门三开间，门前设台阶，院落四角有高起的望楼，顶部为四阿式瓦顶，四面开窗，可用于瞭望或射箭。这种望楼或即文献中所记载的“楼橹”，整个院落的军事防御色彩十分浓厚。

此种陶院落是对东汉三国时期地方豪强地主所居住的坞壁堡垒的生动再现，坞堡中可以储存大量物资，也是抵御乱兵、流寇的重要保障。汉代豪强地主拥有众多的依附农民，还有自己的私兵组织——部曲，这些人平时从事生产劳动，战时聚集以求自保。史载，曹操麾下名将许褚在东汉末的战乱中曾经“聚少年及宗族数千家，共坚壁以御寇”，一万多名强盗也没有攻破他的防御设施，许褚所凭借的当是此类坞堡。

三层三联仓彩绘陶仓楼

汉代

面阔 65 厘米、进深 33.5 厘米、高 70 厘米

河南省焦作市建设银行工地出土

焦作市博物馆藏

四层通体彩绘陶仓楼

汉代

面阔 66 厘米、进深 43 厘米、高 112 厘米

河南省焦作市马村区白庄汉墓出土

焦作市博物馆藏

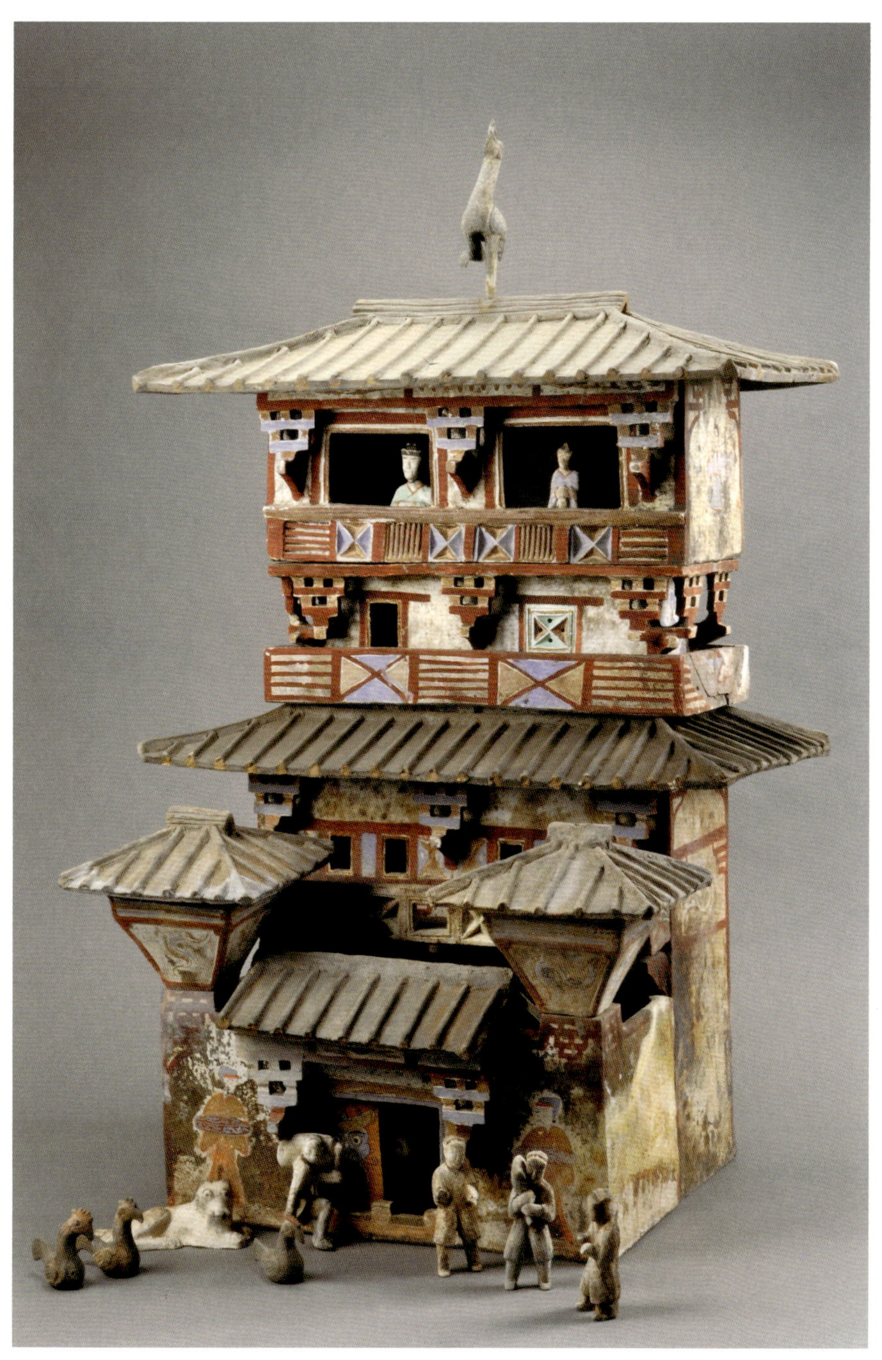

汉代人奉信“事死如生”的丧葬观，将生前的生活用品烧制成微缩的陶土模型用来随葬，陶楼就是其中一类。如同其他随葬器具，陶楼也仿照现实建筑制成，是地上建筑在地下世界的镜像，为我们再现了汉代建筑的体例结构。根据建筑功能可分为陶仓、陶榭、陶望楼、陶坞等多种类型。这些陶楼由简及繁，由低及高，错落有致地组合成富有生活气息的庭院空间，为遥想中的汉人生活提供了可靠的凭据。

本书收录的汉墓出土陶楼的建筑部件，如屋顶、柱梁、斗、脊饰等，制作得精细逼真，部分陶楼还施以薄釉，绘有装饰性图案，“五彩彰施，图像今昔”，在充分展现汉代制陶工艺水平的同时，也反映了汉代建筑的风貌乃至其背后的思想内涵。例如本书中收录的河南焦作白庄汉墓出土的四层通体彩绘陶仓楼，上面绘有“虎食旱魃图”。汉代素有除魃祈雨的风俗，陶仓既是粮仓的缩影，在陶仓上绘制这一图像则代表了逝者对风调雨顺、五谷丰登、富贵昌隆的祈盼。许多陶楼高层内还置墓主人塑像，其服饰、冠冕等均为汉代物质生活的真实写照。而他们于高楼凭窗远眺，或是墓主人生前守卫家园的场景再现，抑或是“仙人好楼居”之说影响下的产物。

《论衡·道虚》曰：“为道学仙之人，能先生数寸之毛羽，从地自奋，升楼台之陛，乃可谓升天。”据记载，汉武帝欲见神仙，方士公孙卿曰“仙人好楼居”，武帝遂大兴土木建造“飞廉馆”“通天台”。在汉代，不仅帝王好建高楼，外戚中官也修建馆舍，“凡有万数，楼阁连接”；地主豪强亦“造起大舍，高楼临道”。汉代由此成为中国建筑史上从高台建筑向楼阁建筑过渡的关键时期，可惜当时的木构建筑未能保存至今，仅留下了朱鲔石室、孝堂山祠堂等石质建筑，因此在汉墓中大量出土的陶楼成为研究汉代建筑的可贵实物资料。

且大物之生长，无卒成暴起，皆有浸渐。为道学仙之人，能先生数寸之毛羽，从地自奋，升楼台之陛，乃可谓升天。今无小升之兆，卒有大飞之验，何方术之学成无浸渐也？毛羽大效，难以观实。

——《论衡·道虚》

又今外戚四姓贵幸之家，及中官公族无功德者，造起馆舍，凡有万数，楼阁连接，丹青素垩，雕刻之饰，不可单言。丧葬踰制，奢丽过礼，竞相放效，莫肯矫拂。

——《后汉书·宦者列传》

彩绘陶神灯

东汉
顶部直径 15 厘米、高 130 厘米、底部直径 45 厘米
河北省涿州市阔丹凌云集团工地 1 号墓出土
涿州博物馆藏

——

出土于河北涿州的一座东汉墓中。陶灯整体分为四节，叠套组合，上下共七层，逐渐向上内收。从底部开始，第一、二层贴塑骑马人物及神兽，表现狩猎场景，亦有乘龙、骑羊之仙人形象；第三层往上贴塑有奏乐者、舞蹈者、警备者；第六、七层装饰一圈神树，最顶部为一圆形灯盘。

陶灯表面施加彩绘，色泽鲜艳，人、兽形象生动传神。其基本造型模仿了汉代中原、关中地区较为常见的“多枝灯”，但是巧妙地将多枝灯的横枝和小灯盘转变为一个个的贴塑形象。此类陶灯亦为专用于随葬的明器，宗教气息浓厚，是对仙界的一种想象性描绘，可能表达了祈祷墓主人灵魂升仙的愿望。

西安东汉墓出土的陶多枝灯

彩绘陶镜台

东汉

通高 114 厘米、底座宽 24.5 厘米、长 25.4 厘米；

陶镜直径 16.6 厘米、厚 3.8 厘米

河北省涿州市阔丹凌云集团工地 1 号墓出土

涿州博物馆藏

有俑两孔陶灶

东汉

通长 18.3 厘米、通宽 13 厘米

广西壮族自治区贵港市东湖新村 1 号墓出土

广西壮族自治区博物馆藏

干栏式灰陶屋

汉代

通长 31.1 厘米、通宽 21.6 厘米

广西壮族自治区北海市合浦县凸鬼岭 8 号墓出土

广西壮族自治区博物馆藏

泥质灰陶棺

东汉
底长 141 厘米、宽 41 厘米、高 27.5 厘米；
盖长 134 厘米、宽 44 厘米、高 3.3 厘米
河北省涿州市阔丹凌云集团工地 3 号墓出土
涿州博物馆藏

鎏金铜长方案：努力加餐饭

鎏金彩绘铜长方案

东汉

长 32.3 厘米、宽 22.3 厘米、高 4.6 厘米

河北省涿州市上念头古墓出土

涿州博物馆藏

鎏金彩绘铜耳杯（一对）

东汉

高 3.4 厘米、长 12.2 厘米、宽 9.5 厘米

河北省涿州市上念头古墓出土

涿州博物馆藏

鎏金彩绘铜盘

东汉

高 3 厘米、直径 20.4 厘米

河北省涿州市上念头古墓出土

涿州博物馆藏

鎏金错银铜樽

汉代

高 14 厘米、口径 23.8 厘米

甘肃省武威市雷台汉墓出土

甘肃省博物馆藏

和前朝相比，生活富足的汉代人显然更懂得享受生活的乐趣了，而这一点最能体现于饮食一端。由于汉代农业的长足发展，加上大量由西域传至中原的优质作物品种，各色蔬果、粮食、肉类大大丰富了汉代人，特别是汉代贵族阶层的餐桌。如从长沙马王堆汉墓出土的三十个装有食物的竹笥中，就发现了稻、黍、豆类、冬葵、姜、藕、牛肉、羊肉、鱼类等各式食物，品类之丰富直教人浮想“舌尖上的汉代”。与丰富的食物品种相匹配的更有花样繁多的烹调方式，贾思勰在《齐民要术·飧饭》中提及汉代人的主食做法有“作面饭法”“作粟飧法”“胡饭法”等，我们今天熟悉的烤、煎、炸、腌等烹调方法在汉代也已普及，盐、酱、醋等调料更是极为丰富，甚至胡椒、豆豉这类异域产品也被用于调味佳肴。

这些生活富足的汉代贵族不仅口味挑剔，对饮食器具也有独特的要求。饮食器包括炊具、食器和酒器，依照质地则可分为陶器、金属器和漆器，陶器多为平民所用，金属器和漆器则主要供给贵族富豪。这些器具往往器型精致，表面刻画精细的纹饰，有的食器底部甚至像今天的保鲜盒一样标注了容量，还有形制、功能类似小火锅的特殊器皿，来满足多样的烹调方式。

进餐的时候汉人需席地而坐，这是当时高足家具尚未传入中原的原因，所以还要使用短足或无足的食案放置杯、盘、箸等器具，这样一人一案的饮食形式在汉代的实物图像和文献中多有体现。欢宴当然离不开美酒助兴，《汉书》中有关上层阶级置酒高会的记录频见，饮樽就是当时最主要的酒器。饮宴时将酒倒入樽中，再用勺酌入耳杯奉客。耳杯除了用于饮酒也可作食器。同样出土于马

洛阳唐宫中路东汉墓 C1M120 壁画《夫妇宴饮图》。左侧夫妻前方摆放食案，右侧侍女正在从樽中酌酒

王堆的漆耳杯中就有“君幸酒”和“君幸食”的字样，内壁绘舒展流畅的卷云纹，色泽仍然光亮如新。这种精巧的器具制作极其费工耗时，也十分昂贵，因此成为汉朝贵族身份和财富的象征。

汉人重礼仪规制，饮食自然也有这一方面的要求，贵族阶层的餐食对菜肴的数目、食饮具规格、宴饮座次等都有相应的规定，如《礼记·曲礼记上》记载：“天子之豆二十有六，诸公十有六，诸侯十有二，上大夫八，下大夫六。”可见宴席中各级官员菜肴数量的差异。另有《史记·项羽本纪》载：“项王、项伯东向坐。亚父南向坐。亚父者，范增也。沛公北向坐，张良西向侍。”当时座次方位以西为贵，北次之，南次次之，东最下，这种宴饮时的座次规定在今天仍为许多人所遵奉。

马王堆出土的漆杯盒

马王堆出土的漆耳杯“君幸酒”“君幸食”

古者，燔黍食稗，而捭豚以相飨。其后，乡人饮酒，老者重豆。少者立食，一酱一肉，旅饮而已。及其后，宾婚相召，则豆羹白饭，綦脍熟肉。今民间酒食，殽旅重叠，燔炙满案，臑鳖脍鲤，麑卵鹑鷃橙枸，鲐鳢醢醯，众物杂味。

——《盐铁论·散不足》

古者，污尊抔饮，盖无爵觞樽俎。及其后，庶人器用，即竹柳陶匏而已。唯瑚琏觞豆而后雕文彤漆。今富者银口黄耳，金罍玉钟。中者野王纻器，金错蜀杯。

——《盐铁论·散不足》

陶井

三国魏

横 52 厘米、纵 52 厘米、高 23 厘米

辽宁省辽阳市北园车骑壁画墓出土

辽宁省博物馆藏

鱼纹陶俎

东汉
长 14.9 厘米、宽 4.6 厘米、高 4.3 厘米
辽宁省辽阳市苗圃汉墓群出土
辽宁省文物考古研究院藏

束腰形陶盒

东汉
通高 13.30 厘米；
盖奁长径 27 厘米、短径 9.5 厘米、高 12.7 厘米、壁厚 0.5—0.6 厘米；
底奁长径 23.8 厘米、短径 7.3 厘米、高 11.9 厘米、壁厚 0.5—0.6 厘米
辽宁省辽阳市苗圃汉墓群出土
辽宁省文物考古研究院藏

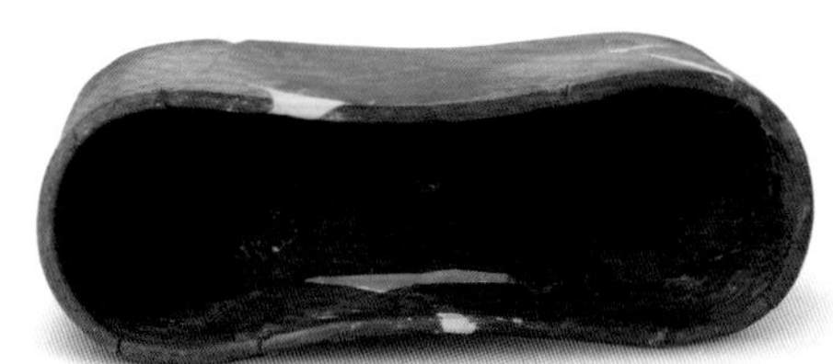

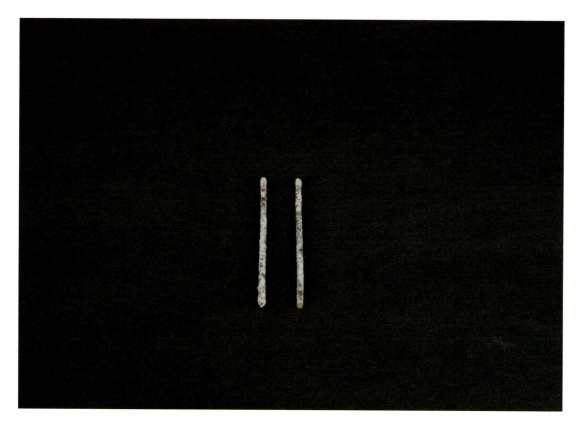

铜筷子

东汉

大长 20.4 厘米、小长 13.5 厘米

河北省涿州市上念头古墓出土

涿州博物馆藏

鎏金彩绘铜钵

东汉

高 6.7 厘米、直径 18.9 厘米、底径 10.7 厘米

河北省涿州市上念头古墓出土

涿州博物馆藏

— * —

六博是一项古老棋戏，王逸注《楚辞·招魂》曰："投六箸，行六棋，故为六博也。"可见六博因投六箸以行六棋而得名。由于详细记载六博行棋之法的《博经》《古博经》等文献均已散佚，详细的六博棋法一直尘封于历史之中。直至2019年3月，研究人员在海昏侯墓出土的汉代简牍中发现了六博的行棋口诀，为失传已久的六博行棋规则提供了宝贵资料，这一古老博戏的解密变得指日可待。

六博约于春秋时期出现，在汉代十分流行。《后汉书·梁统传》中曾记载权臣梁冀"能挽满、弹棋、格五、六博、蹴鞠、意钱之戏"，又有《史记·滑稽列传》中"若乃州闾之会，男女杂坐，行酒稽留，六博投壶"的描述，可见六博在汉代是通乎上下、雅俗共赏的娱乐活动。汉代文帝、景帝、武帝、昭帝和宣帝都是博戏迷。宣帝时江都王之女嫁给乌孙昆莫，宣帝还赐以博具作为嫁妆。

六博博具通常由博局（棋盘）、棋子、箸组成，在汉墓中出土过大量实物，其中属湖南长沙马王堆3号汉墓出土的黑漆朱绘六博具保存得最为完整，其遣册记载："博一具、博局一、象棋十二。"（这里所说的"象棋"不同于今天的象棋，因博戏棋子多以象牙制成而得名。）博局上有"TLV"纹样（也称规矩纹），孙机先生认为六博与占式息息相关，规矩纹便源于式图。李零先生也指出不仅博具纹样模仿式的地盘，连六博的投箸、行棋的方式也脱胎于式。

西汉中晚期至东汉时期的墓葬中出土了不少六博俑和饰有六博图像的铜镜和画像砖、石，部分画像石上还饰有仙人六博的场景，令人想起曹植《仙人篇》中"仙人揽六著，对博太山隅"的诗句。汉人素来重神仙思想，在墓葬中出现的六博图像可能是作为仙界的象征。甚至有学者提出，六博作为人间与仙界的联结，有引导墓主人羽化升仙的"功能性"。

孝文时，吴太子入见，得侍皇太子饮博。吴太子师傅皆楚人，轻悍，又素骄。博争道，不恭，皇太子引博局提吴太子，杀之。于是遣其丧归葬吴。吴王愠曰：『天下一宗，死长安即葬长安，何必来葬！』复遣丧之长安葬。吴王由是怨望，稍失藩臣礼，称疾不朝。

——《汉书·传·荆燕吴传》

彩绘木雕博戏俑，汉代，甘肃省博物馆藏

黑漆朱绘六博具，西汉，湖南省博物馆藏

四川新津崖墓石函刻仙人六博画像拓片。两位羽人摆设博局，从他们的肢体动作看来交战正酣

陶六博案

东汉

长 23.2 厘米、宽 22.8 厘米、高 6.5 厘米

河南省洛阳市嵩县吴村出土

洛阳博物馆藏

《熹平石经》：文脉的寄托

《熹平石经》残块
东汉
（左）高 22.4 厘米、宽 22.3 厘米、厚 17.1 厘米
（右）高 23.8 厘米、宽 31.4 厘米、厚 16.1 厘米
河南省偃师市太学遗迹出土
上海博物馆藏

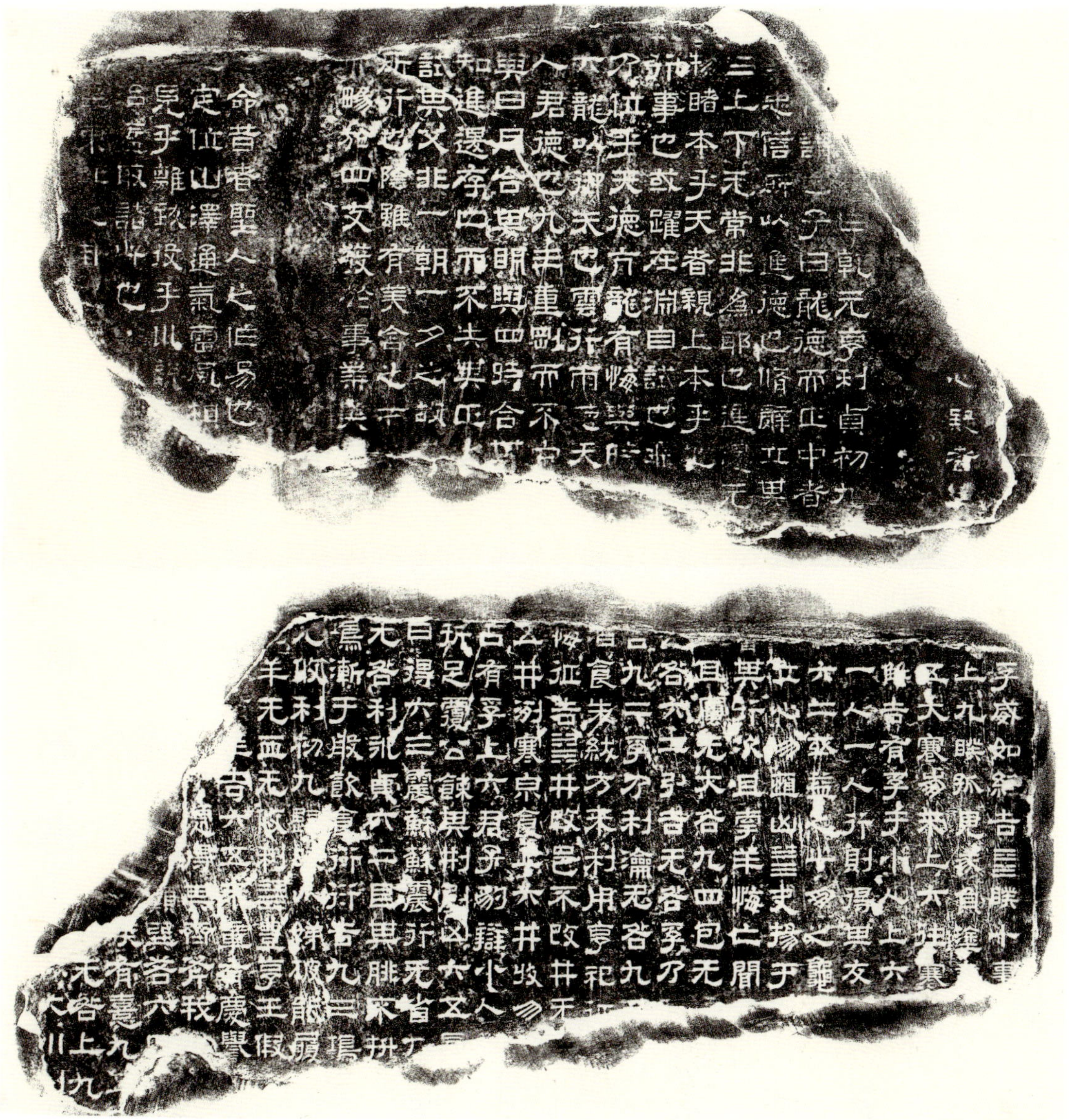

《熹平石经》拓片

原石经于 1929 年河南省洛阳市大交村出土

西安碑林博物馆藏

秦始皇以残暴的手段封闭了学术争鸣的花园，但儒学的生命力终究不能被焚书坑儒的血腥全部葬送，幸存的儒生反而以他们特有的角色参与了推翻秦国的军事行动，并在帝国落日的余晖中为后世总结了秦亡的教训。

西汉初立，社会再次回归安定，思想界的禁锢也逐渐解冻，大难不死的诸子传人在旧日的废墟中寻回门派经典，将自己信奉的学说继续传承发展下去。这一时期，陆贾、贾谊、韩婴等儒生，在最大程度保持儒学原旨的前提下，兼蓄其他诸子的学说精华，推动了汉代的思想融合。学者丁原明将这一时期儒学内涵的变化概括为以下三点：第一，行仁义而不废“道术”；第二，尚礼治而不废法治；第三，重人为而不废天人感应。正是通过这段时期儒学内涵的升华，儒学的包容性、生命力得以彰显。随着社会元气的恢复，统治阶级加强中央集权的需求大大增加，儒学离它作为凝聚各方的社会主流思想的使命也越来越近了。

公元前 141 年，汉武帝刘彻即位。又过几年，生前推崇黄老之术的窦太后去世。年轻的武帝大权紧握，雄心勃勃，召集各地贤良方正文学，亲自策问治国方略。当时的儒学大家董仲舒主张“推明孔氏，抑黜百家。立学校之官，州郡举茂才孝廉”，受到刘彻的赏识与推崇，儒学由此开始发展成为不容置疑的社会“正统”。董仲舒吸收融合先秦诸子思想，诠释《春秋》中的“微言大义”，结合阴阳、五行学说，在“天”与“人”之间建立起相感相应的连接，最终构建起一个以宇宙之天为核心的天人系统，为汉代封建“大一统”政治统治的合理性奠定了思想依据。这一经过系统整合后的儒学借助“天人感应”“天人相副”的运演规则，用天意解释了宇宙世界从自然与人的形体构成、思想感情，到国家政治制度、经济生活原则、道德关系规范等一切问题，并以“天德”落实于人。这种吸纳黄老思想、法家思想、阴阳谶纬学说等元素的儒学被后世称作“汉代经学”，为当时的统一国家梳理了混乱的思想意识，也为后世留下了天下一统、限制君权、德法并治等观念，至今仍能在我们身上找到痕迹。

习儒通经逐渐成为入仕做官的重要途径，修习儒家经典的学子人数快速增加。正如当时的谚语所言："遗子黄金满籝，不如一经。"到了西汉中后期，世代修习经学以入仕的豪门又逐渐发展出家学。这种家学传统通过父子相袭，世代相传，独具特色。

汉代经学为当时的统一国家梳理了混乱的思想意识，为后世留下了天下一统、限制君权、德法并治等观念。梁启超认为，汉代经学的这种"宗师一统"，与秦代开创的"共主一统"，奠定了影响中国数千年的政治与思想传统。但儒学一统也有其弊端，它打破了汉初诸多门派学术共荣的局面，同时也强化了士人对政治权力的人身依附。在这种制度下，儒生与君主制度共生，相互利用，逐渐背离了儒学创立的浩然初心。此外，儒学的经学化，使范围极其有限的几部书成为判断是非的不容置疑的依据，也在一定程度上造就了传统儒学崇古守旧的特质。

汉代儒学占据着社会不容置疑的主流思想地位，共同的道德判断的潜意识，不知不觉地缓缓潜入华夏大地上来历丰富的人群心中。然而由于经年的古今文经之争及谶纬神学的流行，儒家典籍"经有数家，家有数说""文字多谬，俗儒穿凿"，恐有疑误后学的隐患，于是刊刻为天下儒学经典定误正伪的官方标准石经便提上议事日程。

什么是石经？顾名思义，是刻于石头上的经典文本。在石头上刊刻文字的习惯古已有之，但将官方刻石之风发扬光大则始自秦朝。秦始皇一统天下后曾数次巡游全国，其间在会稽、琅琊、峄山等多地留下了刻石，刻石内容均为颂德之作，通过这样的方式记录和宣示其"示疆威，服海内"的功绩。与秦朝刻石相比，东汉晚期官方刊刻石经的目的就不尽相同了。在造纸术尚未普及，印刷术尚未发明的时代，人们主要通过简帛来记录文书，因此这种官方刊刻石经的行为更像是一种大型的编辑出版活动，其重要意义在于方便传播一个被官方认可的权威统一版本。与书写在竹木简牍上的经卷相比，石经显然更适合在公开场所长久保存和展示，也不容易被轻易涂改，无疑非常符合保存、传播正统典籍的需求。

公元175年，蔡邕等人奏请正定六经文字，并获汉灵帝许可，《熹平石经》项目正式启动，由蔡邕主持工作，指导刻石。在没有现代机械动力的汉代，要造一座石经实属轰轰烈烈的社会大事件。石经参照古文经并进行订正，传为蔡邕亲自用统一的隶书所书，再由工匠凿刻。横竖撇捺，一笔一画，在石头上刻字全凭工匠的腕力硬刚，还要兼顾文字书写的庄重美感。183年，历时九年打造的《熹平石经》终于完工，共刊刻《鲁诗》《尚书》《周易》《春秋》《仪礼》《公羊传》《论语》等儒家经籍二十多万字，成为中国历史上最早的官定儒家经学刻石。成品共四十六块大石头，每块高约3米，宽约1米，摆放在京师洛阳的最高学府——太学门口，吸引了无数士人百姓前去围观仰望。《后汉书·蔡邕传》有言："及碑始立，其观视及摹写者，车乘日千余两，填塞街陌。"足见当时参观石经的盛况。

然而可惜的是，这一官方精心打造的"热门景点"仅运营了六年，就被董卓之祸牵连而损毁，曾经威风高耸的石经在战乱中碎裂成无数块，浮萍一般散落到历史中不可知的角落。作为我国已知和现存最早的石经，目前残留碎石已不足原全版《熹平石经》的二十分之一，这些残石分散在西安碑林博物馆、上海博物馆、河北省博物院和台北历史博物馆等地，成为今人研究汉代经学和思想史流变的重要史料。

《熹平石经》虽毁坏得早，"以石载经"的做法却被后世朝代继承。曹魏建都洛阳后，太学再度兴起，官方重新整理儒学经籍，于魏正始二年（241 年）刊刻《正始石经》。《正始石经》使用古文、篆文、隶书三种字体，故又名《三体石经》，是研究古代汉字演变和书法艺术的重要材料。唐开成二年（837 年）又刻成《开成石经》，与《熹平石经》《正始石经》并称中国古代的三大石经。

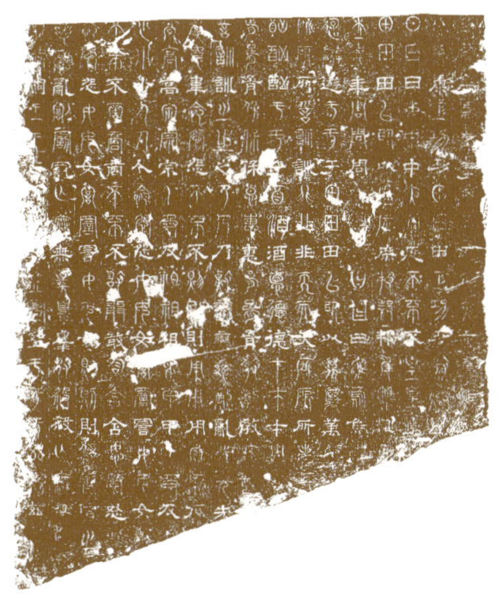

《正始石经》。石刻藏于洛阳博物馆

《开成石经》。石刻藏于西安碑林博物馆

— * —

古人将用于书写的狭长竹、木片统称为“简”，在造纸术发明之前，简是汉人主要的书写媒材。文士在简上书写时如遇笔误，就会用书刀将错字削去。《汉书·礼乐志》载：“削则削，笔则笔，救时务也。”并有古注曰：“削者，谓有所删去，以刀削简牍也。”今天汉字中的“删”字，左半部分是简牍编成的“册”，右半部分即象征一把书刀。汉代的书刀兼具实用性与装饰性，其中工艺最精湛者当属金马书刀。金马书刀以错金秀美著称，用金丝嵌出马形，由工官督造，特供皇室和高官贵族使用。河北满城汉墓1号墓出土了二十九件书刀，2号墓出土了四十九件书刀，其中部分以错金工艺做云雷纹图案，极为精巧。汉代还掀起了佩戴书刀的风尚，书刀环形把手的设计就是为了

四川成都出土的汉代讲经画像砖拓片，下方右侧一人腰间佩戴书刀

满足这一需求，许多汉代画像砖中都有佩戴书刀的人物形象出现。

无论是龟甲、陶器、青铜器还是竹简，这些用来记录文字的媒介材料多取自天然，人们利用材料的物理特性刻写并保存文本。直至西汉初期出现的纸张，才可以称得上是真正的创造发明，人们总结了捣碾、蒸煮、晾晒等严格而繁复的工序，将天然的植物纤维制作成纸张。目前发现的西汉麻纸多分布在甘肃、陕西等地，如灞桥纸、金关纸，但这些麻纸还比较粗糙，并不适宜书写。直到东汉，蔡伦使用树皮乃至渔网、织物等富含纤维的材料改良了麻纸的制造工艺，产出的“蔡侯纸”质地上佳，书写的可能从此发生转折。除了蔡侯纸，东汉末年还出现了诸如“左伯纸”之类的名纸，《太平广记》中就记录道：“左伯字子邑……已擅名汉末，又甚能作纸。汉兴，有纸代简。至和帝时，蔡伦工为之，而子邑尤得其妙。”左伯纸在当时极受欢迎，据传书法家蔡邕甚至“每每作书，非左伯纸不妄下笔”。除了文字记载，本书收录的从兰州出土的墨书纸则是一件重要的实证，足以说明，东汉时期纸张已经成为被实际应用的书写材质。

尽管纸张已经问世多时，但直至晋代，纸才真正取代简牍成为普遍的书写载体，如晋时左思作《三都赋》，人们争相传抄左思的作品，留下“洛阳纸贵”之美谈。除了用于手书，纸张的发明也直接改变了图书的介质，人们从阅读简册过渡至卷轴，乃至翻阅册页、线装书……大批量的复制也因为这一轻便低廉的发明而成为现实，思想的声音被一层层、一代代地快速传递，直到今天。而书刀这一工具，则随着竹简的谢幕，一并退出了历史舞台。

金马书刀

汉代
长 12.25 厘米、环径 3.2 厘米
辽宁省博物馆藏

以钢铁锻打而成，环首，直刃，刃部有残缺，故原大不详。刀刃上嵌错黄金，构成图像及铭文，脱落严重。图像可辨认出为奔马之形，形态舒展，颇具动感，文字已不易释读，可辨识出来“永元……广汉郡工官卅湅书刀工冯武”。参考同类遗物可判断这件铁削刀便是史上有名的“金马书刀”。

书刀是先秦两汉时期的一种常见文具。读书人和官吏常随身携带毛笔、书刀，故文职官员又被称为“刀笔吏”。东汉时期蜀地所产的金马书刀最为有名。西晋学者晋灼记载：“旧时蜀郡工官作金马削刀者，以佩刀形，金错其拊（柄）。”东汉人李元有《金马书刀铭》传世：“巧冶炼刚，金马托形。黄文错镂，兼勒工名。”这些描述跟考古发现基本吻合，根据这件金马书刀铭文中的“永元”“广汉郡”“卅湅”，可知其制作时间为汉和帝永元年间（89—104 年），产地为广汉郡，材质为三十炼的优良钢材。国家博物馆藏有一件出土于成都天回山东汉墓的金马书刀，时代为光和七年（184 年），保存较好，只是刀身的嵌错图案已不是奔马，而是鸟。

中国国家博物馆藏“光和七年”书刀

背面

正面

局部

三足五龙戏珠砚

东汉

直径 20 厘米、总高 7.5 厘米

山东省临沂市沂南县北寨汉墓 2 号墓出土

沂南博物馆藏

墨书纸

东汉
直径 17.5 厘米
甘肃省兰州市伏龙坪东汉墓出土
兰州市博物馆藏

出土于兰州伏龙坪的一座东汉晚期墓中，共发现三件，均为圆形，原本装在镜奁里，叠放在铜镜下。经过科技手段分析，纸张为麻纸，后经施胶等手段增加白度及平滑度。墨书为楷体，残存四十五字，内容应与墓主人无涉，是从他物上专门剪下充作铜镜与镜奁之间的衬垫物，属于“废物利用”。

这一发现是研究古代造纸及书法演变史的重要材料。根据文献记载和考古发现可知，在西汉时期已经出现了可以用来书写的纸张。如敦煌马圈湾西汉烽燧中出土的纸片、天水放马滩西汉墓出土的纸地图等，但是早期纸张质量并不稳定，仍显粗糙。到了东汉时期，纸张在书写领域的应用更为广泛，蔡伦改进造纸术后，纸张的质量、产量都有了极大的提升。

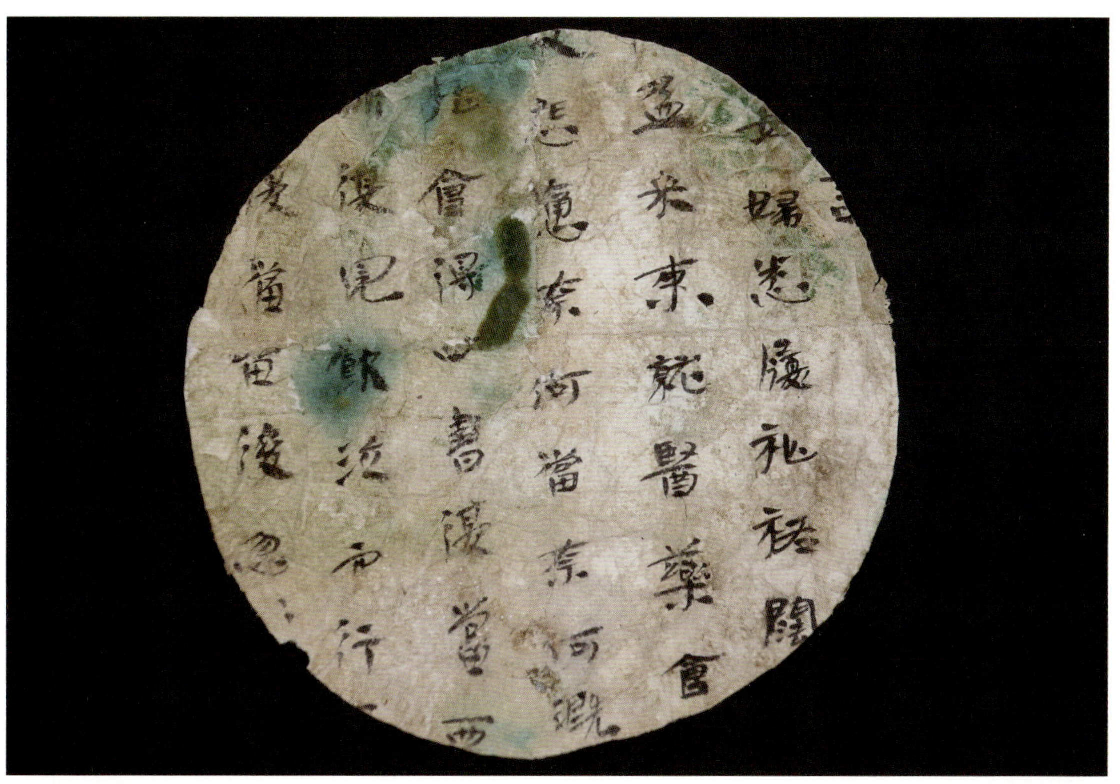

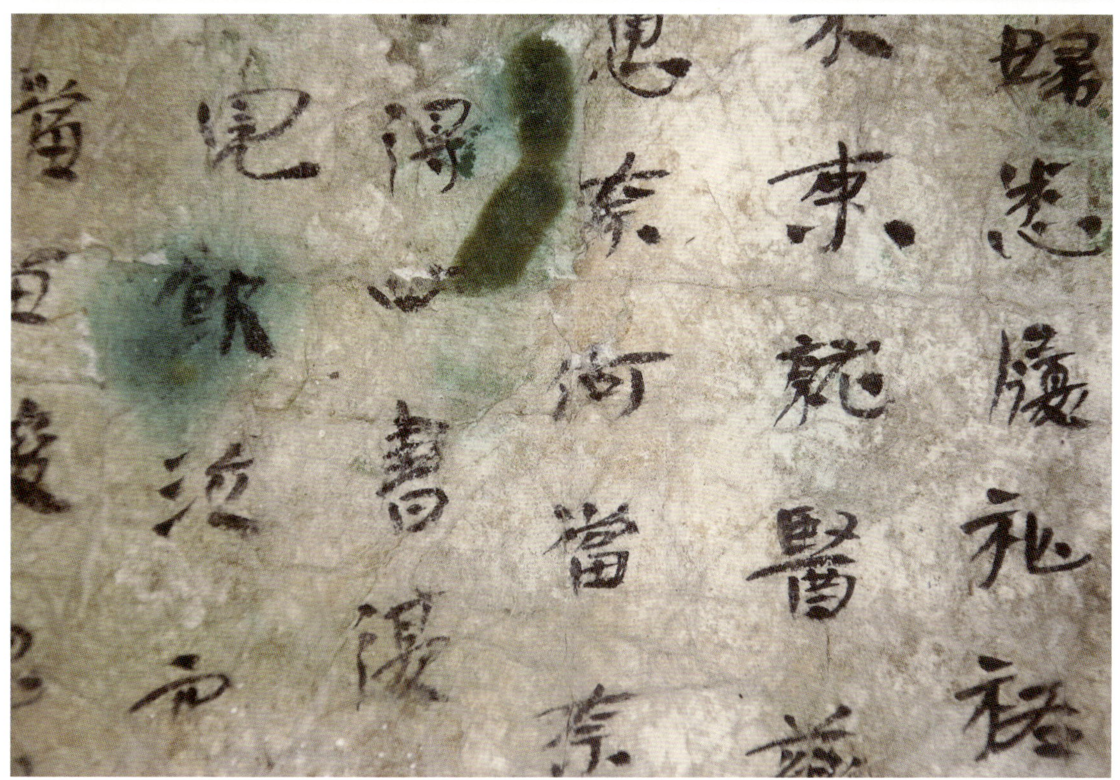

玻璃串珠：客从远方来

红料串珠

东汉
最大径 0.8 厘米
广西壮族自治区贵港市高中部 15 号墓出土
广西壮族自治区博物馆藏

蓝料串珠

东汉
最大径 0.6 厘米
广西壮族自治区贵港市风流岭 13 号墓出土
广西壮族自治区博物馆藏

海上丝绸之路在汉代已经畅通，从我国岭南出发可以抵达南亚、东南亚，借助海上贸易，不同文化之间互通有无。作为海上丝绸之路的始发港，两广地区自然留存下来诸多跟古代中西文化交流有关的物证。比如玻璃珠，在两广地区的汉墓中多有发现，根据检测，这里的蓝色玻璃珠以钴为着色剂，为中国本地所产，一部分红色玻璃珠可能来自印度、东南亚地区，通过海上丝绸之路运输到中国。

《三国志・士燮传》记载，士燮割据交州时，为了获取孙权的支持，经常派人给他送去“明珠、大贝、流离（即琉璃）、翡翠、瑇瑁、犀、象”等奇珍，可见交州的琉璃制品颇受北方之重视。

青料洗

东汉

高 3.4 厘米、口径 12.5 厘米

广西壮族自治区贵港市公路铁路交叉处 5 号墓出土

广西壮族自治区博物馆藏

——

出土于广西贵港的一座东汉墓中。铸造成型，而后打磨加工，器表可见明显的打磨痕迹。汉代中原地区生产的玻璃成分主要为铅—钡系，但是在两广地区，发现了很多以含钾的硝石与石英为原料制作的钾玻璃产品，在微量铜、铁元素的作用下呈现半透明的蓝绿色。关于这种玻璃的来源问题目前还存在争议，一种认为是我国自制，一种认为是从海外输入的西方产品，还有一种看法是受外来技术影响而自制的。

汉代是中外文明交流史上的一座高峰。外国使团的“贡献”、丝绸之路和海上丝绸之路上的商贸往来，给中原带来诸多“殊方异物”。金银器、玻璃器、宝石、织物、香料、珍禽异兽等物产持续输入中原，一些生产技术手段也随之传入中土。

“琉璃”一词又译“璧流离”“瑠璃”等，是用火烧制的玻璃质珠子及其他透明物质的统称。在全世界范围内，玻璃一般被认为约在五千年前于两河流域诞生，后传播至世界各地。目前中国境内考古发现最早的玻璃珠是新疆出土的蓝色玻璃珠和多色玻璃珠，年代约为西周中期至春秋中期。

古代西亚玻璃的传入发生在张骞沟通西域之后，在两汉时期的文献中已经能发现不少有关琉璃的记载，特别是频繁出现在四方朝贡和贸易活动的记录中，如著名的《盐铁论》一书记载，御史大夫桑弘羊引璧玉、珊瑚、琉璃等异域宝物为例，说明“异物内流则国用饶，利不外泄则民用给”的贸易原则。又如广为人知的叙事长诗《孔雀东南飞》中刘兰芝辞别焦仲卿时的装扮：“足下蹑丝履，头上玳瑁光。腰若流纨素，耳著明月珰。”这里所说的“明月珰”即为琉璃制成的耳珰，是在汉朝上流阶层女性中流行的一种饰品。

玻璃珠饰是岭南地区汉墓出土器物中极为重要的一类，其中不乏经由海上丝绸之路而来的舶来品，如出土于广西壮族自治区贵港市的红料串珠。我国的早期玻璃以铅钡玻璃为主，被当作玉来使用，大多被用于制造玻璃珠、珥珰、杯子等小型饰品和器具，而广西一带的汉墓中出土的玻璃珠饰则多见钾玻璃。钾玻璃

广东南越王墓出土的蓝色平板玻璃牌饰

属于东南亚和南亚地区特有的玻璃体系，它们的器型也体现着外来器物与本土制造传统之间的融合碰撞，为研究汉代海上丝绸之路提供了重要的实证资料。

汉代班固《西都赋》中记录了西京长安西郊的皇家苑囿中珍禽异兽汇集的情景："其中乃有九真之麟，大宛之马，黄支之犀，条枝之鸟。逾昆仑，越巨海，殊方异类，至三万里。"除了文中所述的"麟""马""犀"等奇珍之外，南越等国还向汉王朝进贡了驯象。象戏是汉代百戏中的一项。唐《初学记》中引梁元帝《纂要》言："又有百戏，起于秦汉。有鱼龙蔓延……象人、怪兽、含利之戏。""百戏"是古代杂乐杂技等娱乐形式的总称，而所谓"象人"指的就是象戏。汉墓中有不少象戏俑出土，在画像砖、石上也常有象戏、驯象内容的表现，可证当时象戏之盛。这些大象常伴有头戴尖帽、高鼻深目、手执驯象工具的胡人驯象师，侧面反映了汉代胡人在华的活动。到了三国时期，象戏仍旧盛行。孙权在表彰贺齐战功时"出祖道，作乐舞象"。舞象是象戏的一种形式，用舞象庆祝凯旋，说明象戏在东吴是十分高雅郑重的乐舞形式。

江苏盱眙大云山汉墓出土的鎏金铜象、驯象俑

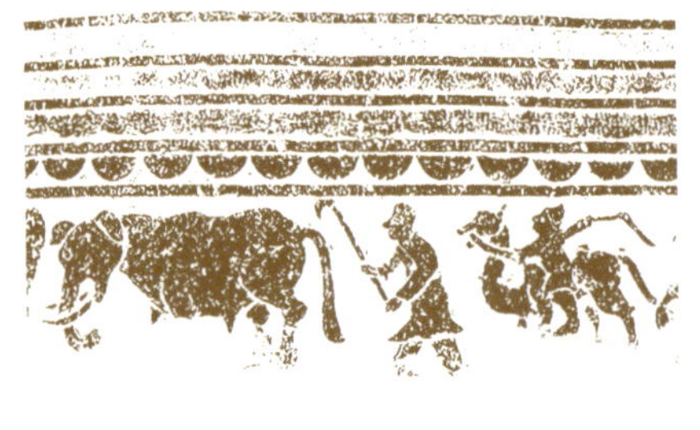

山东临沂吴白庄汉墓画像石拓片

彩绘骑象陶俑

东汉
长 10.8 厘米、宽 4 厘米、高 10.3 厘米
河南省洛阳市防洪渠二段 M72 出土
洛阳博物馆藏

二、盛衰无凭

铁钩镶：征战与武器

铁钩镶

东汉

长 49.8 厘米、宽 11.5 厘米

重 2.1 千克

四川省绵阳市游仙区小枧出土

绵阳博物馆藏

铁钩镶

东汉

长 45.5 厘米、宽 9.1 厘米

重 900 克

四川省绵阳市游仙区小枧出土

绵阳博物馆藏

钩镶是汉代常见的防御性武器，以钢铁制成。《释名·释兵》记载：“钩镶，两头曰钩，中央曰镶，或推镶，或钩引，用之之宜也。”钩镶的主体为一长方形铁板，相当于小盾牌，正面伸出铁刺，上下分别伸出较长的铁钩，背面有握把，兼具防、钩、推的功能。根据汉画像石等图像材料可知，汉代武士常一手持刀剑，一手持钩镶，以钩镶抵御或钩住对方的武器，在应对戈、戟类兵器时能发挥巨大作用。

中国是世界上较早发现和使用铁的国家之一。早在春秋时期，冶铁技术就已为人们所掌握，只不过当时青铜器仍是主流。汉代是从青铜时代向铁器时代过渡的关键时期，生铁冶铸、百炼钢、铸铁脱碳钢等技术都有很大的发展。武帝采取国家统一经营冶铁业的政策，在全国设立铁官，集中人力、物力和财力生产钢铁，生产规模日趋扩大，冶铁业空前发展。河北满城汉墓中出土了大量铁器，包括铁锤、铁锯条、铁斧、铁凿等工具，还有铁刀、铁剑、铁矛等兵器。可见当时铁器已经取代了铜、木、石器，成为人们日常生活中和军事战争中不可或缺的器具。

汉代普遍使用铁兵器，种类丰富，功用各不相同。长兵器中最常用的是戟，矛次之。根据孙机先生考证，汉代士兵常用的是配有前伸的直刺和旁出的横枝的卜字形铁戟。而汉代不止武人执戟，文臣也可以执戟，如《太平御览·戟上》中就有“武帝坐未央前殿，……朔执戟在殿陛遥指独语”的记述，侧面反映大汉王朝武力之盛。

从西汉中期开始，刀逐渐开始成为战场上的主要工具。刀一侧有锋，另一侧有刀脊可以挥砍，相对多用于劈刺的长剑，刀显然更适合骑兵在战场上激烈的近距

四川成都曾家包汉墓画像石拓片。兵器架上排列着戟、矛、弓弩等兵器

汉代冶铁场景。图中最左侧的机器是汉代用于冶铁的鼓风囊。它是一个内部装撑环、两端装挡板的皮囊，前挡板上有进气口，后挡板上的排气口外连接着通向炼炉的风管。囊顶装有活动吊杆，使用时需不断推拉

离搏杀，且刀的质地较剑更为厚实，不易折断。西汉时盛行的佩剑之风，也随着刀的兴起由佩剑改为佩刀。汉刀刀身较直，刀首呈环形，且配刀同样有严格规制，皇帝为“黄金通身貂错，半鲛鱼鳞，金漆错”等，诸侯王则“黄金错，环挟半鲛，黑室”，公卿百官皆纯黑。现藏于国家博物馆的东汉永寿二年错金环首钢刀，曾为汉桓帝用刀，刀身残留髹漆，刀身和环首上饰有错金纹样，与《后汉书·舆服志》中的记述基本相符，展现了汉代高规格佩刀的不凡风范。

— * —

东汉末年进入“小冰期”，风雪激剧、牧场难寻、牲畜冻馁，周边游牧人群生活越发窘迫，无奈之下只得向汉朝周边频频掠夺以求生存。而封建统治阶级内部则腐败贪贿成风，官场上徇私舞弊、任人唯亲的请托之风日益严重，官员利用权力肆意抢占社会资源，与民争利，不断加重对百姓的刑罚、徭役和赋税。上行下效，地方的豪族地主们在政府包庇下疯狂兼并土地、侵占田园，百姓无寸土立足，只能沦为豪强附庸饱受欺凌。再加上粮食歉收、瘟疫肆虐、灾异频发，民不聊生。与此同时，东汉对西羌的战争已持续了数十年，巨大的军费负担最终也反映到百姓的生活中。在社会的层层压迫下，平民百姓看不到出路，各地频现分散的流民暴动，社会矛盾逐渐深化，国家已在崩溃边缘。

太平道首领张角自称“大贤良师”，趁此机会以医术符咒治病，吸纳大量信众。除了在家乡冀州传教，张角还派出八名弟子分赴各地传道，全国十二州中有八个州的百姓受到“太平道”的影响，其中甚至不乏地方官宦豪强。经过十余年的活动累积，张角在民间树立了威望，成功将太平道发展成为一个拥有数十万教徒、势力范围遍及全国三分之二以上州府的道教组织。张角利用民众的支持，在各州郡设渠帅训练军队，以“黄巾”为标志，在民间广泛散布“苍天已死，黄天当立，岁在甲子，天下大吉”口号，为大规模的起义做好了准备，意图推翻汉朝统治。

公元184年起义爆发，七州二十八郡的黄巾军纷纷响应，焚烧官府、诛杀官吏、攻打地主庄园，起义迅速蔓延大半个天下，震动京师。汉朝政府见无力平定起义，不得不允许各地方官府自主招募军队，与官军联合平叛。经过九个多月的奋战，黄巾军势力逐渐不敌各方夹攻。领导人张角在南阳、颍川激战之时猝然病死，主力部队在十月遭到突袭，迅速溃败，三万多名黄巾军被杀，其余五万多人投江自尽。

黄巾起义在政府和地方豪强的联合镇压下宣告失败，但东汉中央政权也因此受到严重打击。由于中央政府无法靠自身的力量平定叛乱，各地官府军阀借此摆脱约束掌握兵权，逐渐形成地方的割据势力，汉王朝就这样在内忧外患中一步步走向衰败，分裂的时代从此拉开帷幕。

夏四月辛巳，诛董卓，夷三族。司徒王允录尚书事，总朝政，遣使者张种抚慰山东。青州黄巾击杀兖州刺史刘岱于东平。东郡太守曹操大破黄巾于寿张，降之。五月丁酉，大赦天下。丁未，征西将军皇甫嵩为车骑将军。董卓部曲将李傕、郭汜、樊稠、张济等反，攻京师。

——《后汉书·孝献帝纪》

印文

“偏将军印章”金印

东汉

长 2.4 厘米、宽 2.4 厘米、高 2 厘米

重庆市嘉陵江边采集

重庆中国三峡博物馆藏

铁戈

东汉

长 56 厘米

四川省绵阳市松林坡汉墓 1 号墓出土

绵阳博物馆藏

铁矛（左）

东汉

通长 142.5 厘米、矛长 38.5 厘米、矛刃宽 2.7 厘米、耙圆径 1.2 厘米

重 1.05 千克

四川省绵阳市双碑出土

绵阳博物馆藏

铁矛（右）

东汉

长 145 厘米、宽 2.75 厘米、柄径 1.2 厘米

重 1.06 千克

四川省绵阳市双碑出土

绵阳博物馆藏

铁剑

东汉

长 98 厘米、宽 3.5 厘米

涿州博物馆藏

铁刀（左）

东汉
长 91.4 厘米、宽 2.7 厘米
重 0.845 千克
四川省绵阳市杨家店出土
绵阳博物馆藏

铁刀（中）

东汉
长 112.5 厘米、宽 2.7 厘米、厚 1.4 厘米
重 1.22 千克
四川省绵阳市出土
绵阳博物馆藏

铁刀（右）

东汉
长 112 厘米、宽 3.3 厘米、厚 0.6 厘米
重 1.09 千克
四川省绵阳市何家山出土
绵阳博物馆藏

西王母画像砖：
宗教思想的传播

西王母画像砖

东汉
长 46.6 厘米、宽 42.5 厘米、厚 6 厘米
四川省成都市新都区新繁镇出土
四川博物院藏

——

东汉川渝地区的砖室墓大多采用花纹砖砌筑，有的还在墓室中镶嵌画像砖。这块画像砖采用模印技法，在砖面上压制出浅浮雕图案。画面正中即西王母，笼袖坐于龙虎座上，姿态端庄，头顶上有华盖，背后为瓶形龛。其右侧及前方分别有九尾狐、直立而舞的蟾蜍及持灵芝的玉兔三种神兽。画面左下角有一持笏拜谒的男子，其身旁有一人持棨戟站立，右下方二人并坐。整个画面布局紧凑，细节刻画到位。

西王母传说兴起于先秦，在《山海经》《管子》等文献中都有记载，据《穆天子传》所言，周穆王曾经远游至西王母之邦，与西王母会见并互赠珍宝。两汉时期的西王母传说更加丰富，西王母信仰之风也十分浓厚，不仅在民间流传，还被官方所认可。人们认为西王母掌管不死之药，将西王母的形象落实到画像石、壁画等不同的物化形式之上，借此表达长生或升仙之愿望。

拓片

东汉末年内外征战连年不断，中原地区的民户十去其九，人人期盼的太平盛世不知何日重现。普通百姓承受着天灾人祸的折磨，但又无力改变现状，只得把希望寄托在神仙庇佑，祈求来世能获得平安幸福。这使得各类宗教思想有了生发的良好土壤，其中最值得注意的就是道教与佛教。

道教就是在这个时期由一种思想逐渐发展成体系完备的宗教，最著名的除了张角创立的“太平道”，还有主要于四川及汉水上游一带活动的张道陵创立的“五斗米道”。两派初创时传播方式类似，都是通过医术救治百姓来吸纳信众，其中五斗米道因入教需缴纳五斗米而得名，此教派在中国影响深远，后来发展形成的道教正一派也源出于此，张道陵也因创立之功被教众尊称为天师，后世著名的“张天师”指的便是他。

佛教传入中国的时间众说纷纭，但汉末、三国至魏晋时期佛教逐渐开始本土化并广为流传是可以确定的，这一时期的佛教结合中国原有的神仙思想、方技相术在施恩救困的同时，其经义思想也在中华大地上传播开来，当时人们称之为“浮屠道”。

不论是道教还是佛教，为了能将自身教义发扬光大，都逐渐将目光从普通民众转向当时的知识精英，这些饱读儒家诗书的士人在接受了道教和佛教的思想后，不可避免地将原有的儒家思想与这些新的观念互相印证以求真解，可以说追求自然本源、生命意义的魏晋玄学一定程度上得益于此，而这些逻辑严密、思辨远奥的玄学思考为中国的哲学思想史书写了光辉灿烂的一页。

传说张道陵曾在青城山结庐修行

龙虎山正一观

釉陶佛像

三国吴
高 20.6 厘米
湖北省鄂州市鄂城区塘角头村 M4 出土
鄂州博物馆藏

坯体模制而成，表面施酱色釉。佛像结跏趺坐，头顶有高起的肉髻，面庞圆润，身穿通肩式袈裟，衣纹清晰可见，双手交叠。这尊陶佛像出土于湖北鄂州塘角头东吴墓中，其两侧原本放置有胡人侍俑，这种摆放方式说明当时人们对于佛教、佛像已经有了较深的认识和敬仰，但同时也表明佛教的西域色彩仍然浓厚，尚未像后世那样在社会各阶层普及开来。

佛教初入中国时，与本土黄老神仙思想相结合，表现出佛道杂糅、佛道同祠的面貌。东汉末至三国时期，随着西域僧人的进入及佛教典籍的传播，人们对佛教的理解更加深刻，艺术表现手段也逐渐变化。《后汉书》记载，汉末笮融曾经在下邳“大起浮屠寺。……作黄金涂像，衣以锦彩”，这是社会上层崇佛之体现。考古材料当中，佛像在铜镜、墓葬石刻、摇钱树、五联罐、魂瓶等载体上都有发现。

锯齿纹边规矩鸟纹铜镜

东汉末 — 三国
直径 17 厘米、厚 1 厘米
辽宁省辽阳市三道壕 1 号壁画墓出土
辽阳博物馆藏

人物神兽纹铜镜

东汉
直径 15.5 厘米
重 350 克
四川省绵阳市西山出土
绵阳博物馆藏

双阙鎏金棺饰铜牌

东汉

直径 23 厘米

重庆市巫山县江东嘴小沟子出土

重庆中国三峡博物馆藏

拓片

“仓天乃死”铭砖

东汉

长 7.4 厘米、宽 3.5 厘米

安徽省亳州市元宝坑 1 号墓出土

中国国家博物馆藏

022

第二章　天下三分

天下大势，分久必合，合久必分。

——《三国演义》

汉末群雄割据征伐，最终形成曹操、刘备、孙权三方鼎立之势。公元220年，曹操之子曹丕称帝，建都洛阳，国号“魏”。公元221年，刘备在成都称帝，国号“汉”，史称“蜀”或“蜀汉”。公元229年，孙权在建业称帝，国号“吴”。三国各自强调自身继承皇位的正统性，以一统天下为己任，形成三国鼎立之格局。

曹操势力统一了华北、关中和西域，又平定乌桓之乱，终于能够“东临碣石，以观沧海”；蜀国则占据长江上游的巴蜀和汉中，平定了南中（今云贵一带）叛乱；而吴国地处包括长江中下游及岭南在内的东南地区，大力发展商业及海外贸易。不同的地域文化造就了三国不同的文化特色，共同的文化祖源又使得三个政权在对峙的同时彼此频繁交流。

一、建设王朝

“魏归义氐侯”金印：承袭汉祚，壮大国势

“魏归义氐侯”金印

三国魏—西晋

纵 2.25 厘米、横 2.25 厘米、高 2.5 厘米

甘肃省博物馆藏

据传出自甘肃西和县，金质，铸造成型，印文后刻。方座，印面边长 2.25 厘米，接近汉代一寸。印钮为双峰驼钮，骆驼呈跪姿，体表以密集短线表现毛发，身下有穿，用以系绶带，印文为阴刻篆体“魏归义氐侯”。

“汉匈奴归义亲汉长”铜印

在汉晋时期的玺印当中，驼钮一般用于北方或西北少数民族首领印章之上，但目前所见多为驼钮铜印，如青海大通上孙家寨出土的“汉匈奴归义亲汉长”铜印，因此这件金印尤显特别。“归义”为“慕义归化”之意，是古代中原王朝对于归附的周边民族的常见称呼。史书记载，东汉末天水杨姓为氐人之大帅，后率领部族迁徙到仇池（今甘肃西和县附近），其首领曾被曹魏册封为“百顷氐王”。魏、蜀对峙时，双方常争取西北氐羌的支持，对其首领封官拜爵，“魏归义氐侯”金印当与这段历史有关。

董卓之乱后（189 年）曹操起兵，先后击败兖州和青州的黄巾军，于公元 196 年迎汉献帝入许都。后又击败陶谦、吕布、袁术等占领徐州，收降张绣。公元 200 年曹操于官渡之战击败袁绍，随后北伐乌桓，统一了中国北方，之后兵不血刃收降荆州。曹操出身名门望族，是西汉开国功臣曹参之后，因讨伐董卓而名声在外，又掌握着一定的军事力量，因而得以在推崇儒家思想、强调尊卑有序非礼不定的社会环境下，借辅佐汉室之名，奉天子以令不臣，发展自己的势力，为曹魏政权建立基础，一度成为最有可能统一中国的人。然而在 208 年的赤壁之战中，曹操败给孙权、刘备联军，只得退回北方休养生息。战败后曹操收罗人才稳定内外，后于 211 年击败韩遂、马超等平定西北，五年后曹操因战功被汉献帝封为魏王，定王都邺城，自此曹魏势力建成。220 年正月曹操病逝，其子曹丕即位，并于同年十月受汉献帝禅让称帝，国号魏，定都于洛阳。

曹丕登基以后，沿袭曹操的政治经济举措，坚持大权独揽。他吸取前朝经验，在中央设立中书省以集中政权，禁止宦人为官后族干政，削弱藩王实力。在平定徐州、青州一带的势力后，又派遣军队大举进军河西之地，大破羌胡联军，恢复了中原王朝对西域的控制，巩固北疆。在曹丕的治理下，中原北方的社会生产得到恢复，不仅解决了战争遗留下的通货膨胀问题，还充实了曹魏国库，扩大了中原王朝的版图。

3 世纪初，掌握渭水流域及中原地区政权的曹操与周边势力多有争斗，先后大破东北的乌桓，收降北方的南匈奴势力，击败羌胡联军平定西北。又遣使沟通西域，设置西域长史府进行管辖，巩固中原统一局势的同时也加强了自身的军事防御体系。经过这一时期的军事扩张，曹丕称帝时曹魏政权的势力范围基本定型，几乎占据了整个华北地区，北至山西、河北及辽东，与南匈奴、鲜卑及高句丽相邻；东至黄海；东南在长江淮河、汉江长江一带与孙吴对峙；西至甘肃，与河西鲜卑、羌及氐相邻；西南与蜀汉对峙于秦岭、河西一带。在建国初期，曹魏的势力范围已经覆盖八十七郡及十二州，灭蜀汉后再增加益州、梁州两州。

作为三国时期实力最强大的国家，曹魏与周边势力的战争对内巩固并稳定了局势。同时，魏国的外交活动并未因战争而停止，不仅接收邪马台国的朝贡，还开辟西域，控制通商要道，使丝绸之路重新畅通，陆路交往远至罗马帝国。从历史发展的角度来看，曹魏势力的扩张无疑为东西方经济、文化的交流做出了贡献。

曹魏统治时期在汉代制度的基础上确立了一系列加强集权、稳定时局、维护统治的新政策，这些政策对恢复国力民生，推动社会进步有相当重要的作用与意义。196 年，曹操采纳枣祗、韩浩的建议，推广屯田制度到各州郡，设置典农官收纳流民从事耕种，屯田区土地归国家所

陶釜（左）
口径 17 厘米、腹径 25.5 厘米、高 15 厘米
陶盉（右）
通长 21 厘米、口径 8 厘米、把长 7 厘米、高 15 厘米
辽宁省辽阳市东门里壁画墓出土
辽阳博物馆藏

有。这些并不占有土地农具的屯田民被组织管理起来从事耕种，并向国家缴纳地租，同时还可免服兵役和徭役。屯田的实施不但使国家获得大量劳动力，切实增加了粮食储备，也为流民提供生计，战争期间在一定程度上起到稳定社会的作用。

220 年，魏文帝曹丕采纳尚书令陈群的意见，命其制定新的官员选拔制度，后称九品中正制，又称九品官人法。由朝廷选拔的中正官负责考察人才，评判等级，并将人才分为九等，详记年籍各项，分别品第，并加评语。中央在中正官品评的基础上再进行官吏的选拔考核。此项制度意在解决东汉末年“察举制”的选拔乱象，并确实在一定时期内吏治澄清，缓解了中央政府与世家大族的紧张关系，将人才选拔的权力由地方收归中央，客观上为魏晋实现全国统一奠定了基础。此制度至西晋渐趋完备，南北朝时又有所变化，至隋唐科举制度诞生共存在了约四百年。

229 年，魏明帝曹叡即位之后，命陈群、刘劭等参考汉律，制定新的法律法令，编成《新律》《州郡令》《尚书官令》《军中令》等总计一百八十余篇，其中当属《新律》最为重要，是曹魏政权的基本法典，亦称《魏律》。《新律》是在汉代律令基础上的整理补充，并首次将总则列为律首，其内容、体例直接影响了后来的《晋律》和《唐律》，在中国法律制度史上有着划时代的重要地位。

面对因汉末战乱而荒废的局面，曹魏推行屯田制、士家制等措施，对北方社会转向安定和经济的恢复，起到了促进作用。由于魏国统治的黄河流域及其北部是中原文化的祖源地，因而大量继承了汉王朝的制度及文化，重视文教，尊孔崇儒，在各地大兴儒学、重修孔庙、复立太学，因战乱衰落的封建正统文化得以在这里复兴，并延续至两晋。

● 十五年春，下令曰：『自古受命及中兴之君，曷尝不得贤人君子与之共治天下者乎！及其得贤也，曾不出闾巷，岂幸相遇哉？上之人不求之耳。今天下尚未定，此特求贤之急时也。……二三子其佐我明扬仄陋，唯才是举，吾得而用之。』冬，作铜爵台。

——《三国志·武帝纪》

● 『夫刑，百姓之命也，而军中典狱者或非其人，而任以三军死生之事，吾甚惧之。其选明达法理者，使持典刑。』于是置理曹掾属。

——《三国志·武帝纪》

礌石

三国

直径 16—18 厘米

安徽省合肥市三国新城遗址出土

合肥市三国遗址公园藏

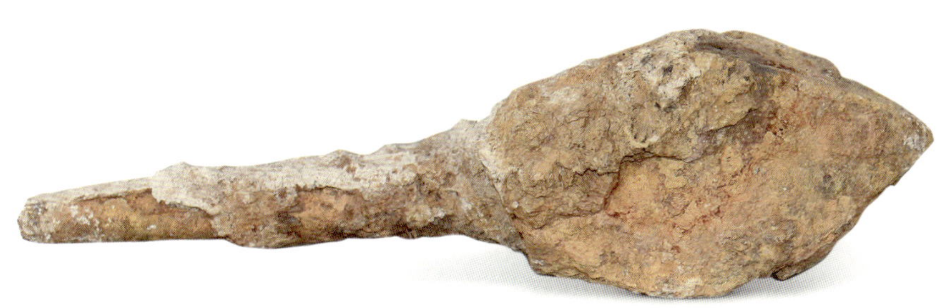

撞车头

三国
(上)长 22.5 厘米、宽 3.8 厘米
(下)长 35.5 厘米、宽 8.5 厘米
安徽省合肥市三国新城遗址出土
合肥市三国遗址公园藏

局部

铜弩机

三国魏

长 11.8 厘米、通高 14.6 厘米

山东省临沂市王羲之故居公园洗砚池 1 号墓出土

临沂市博物馆藏

— * —

初平元年（190 年），洛阳被董卓焚毁，新的都城相继兴建。曹操于建安十三年（208 年）开始营建邺城为国都。邺城位于今河北省邯郸市临漳，地处贯通南北的战略要地。战国时西门豹等人便曾在此兴修水利，发展农事，又经过秦汉两朝的持续开发，至三国曹魏时期，邺城已成为北方兵家必争的一座重镇。曹操占据邺城后，精心营建了这座起到魏国统治中心作用的王城——城郭平面呈东西长、南北略窄的方形，中轴线大道和贯穿东西城门的大道将城北的宫城、衙署和城南的街市里坊等不同的功能空间划分开来，呈现北宫南市、东西干道贯通的对称整齐的城市规划布局。这是中国古代历史上第一次在都城规划中实施中轴对称的规划思想，成为古代都城建设史上的一大里程碑，并直接为后世的都城规划所继承。

邺城西北隅依次建有金虎台、铜爵台（亦称“铜雀台”）、冰井台三座大型高台建筑俯瞰邺城及周边。三台内各有屋室百余间，之间以隔道贯通彼此，如曹植《铜雀台赋》所言：“连二桥于东西兮，若长空之蝃蝀。”——阁道废则三台间的交通断绝，其军事防御功能不言自明。而铜爵三台之所以在后世深入人心，除了其在建筑史上的特殊地位，更在于三台为人们提供了一处安置想象的物理场所——三曹及建安七子多在此相会，登高吟诵，使巍峨入云的三台成为建安文学一处重要的策源地，引人追慕。铜爵三台的遗址如今位于临漳县邺镇村村北，是曹魏邺城目前仅存的地面遗存。

220 年，曹丕称帝建魏，定都洛阳。洛阳故城位于今河南省洛阳市东郊区与偃师市、孟津县毗邻处，北靠邙山，南临洛水。曹丕舍邺城改都洛阳，除了洛阳地处中原利于南平吴蜀大业之外，也意在从政治上表明魏是汉的合理继承者。后魏明帝曹叡在执政期间（227—239 年）大兴土木，在继承东汉洛阳城布局的基础上，于东汉崇德殿旧基新修太极殿，以其为核心建造洛阳宫城，并在城西北隅加筑金墉城。金墉城效仿曹魏邺城西北三台建成，由三个小城堡以“目”字形排列组成。根据郦道元《水经注·穀水》的记述，“城上西面列观，五十步一睥睨，屋台置一钟以和漏鼓。……永嘉之乱，结以为垒，号洛阳垒。”“睥睨”指的是城墙上锯齿形的短墙。中原板荡之际，金墉城更是成为洛阳城中用以瞭望、攻守的坚固堡垒。

洛阳城开创了以太极殿为核心的都城单一建筑轴线、单一宫城居中南向、主殿太极殿居中的布局。汉魏故城呈南北向长方形，主殿太极殿及东西两堂位于宫城中部偏西，其南有两座宫门和宫城正门阊阖门，四者在一中轴线上。阊阖门正对内城的中轴线铜驼街，街两边分布着衙署寺庙，门外又有一条东西大道，通往南城东西二门。其以太极殿为大朝、太极东西堂为常朝的东西堂制度，中心正殿前设三道宫门的形制，继承和发展了中国古代“五门三朝”制度，开启了中国古代都城布局和宫室制度的新时代，对隋唐时期的长安城和洛阳城以及明清时期的北京城等后世都城的设计有着深远的影响，在我国都城建设史上具有承前启后的重要地位。

阊阖门复原想象图
图片出自：李国龙．北魏洛阳宫门阊阖门的复原及形制探讨 [D]. 南京：东南大学，2013.

铜爵三台遗址航拍

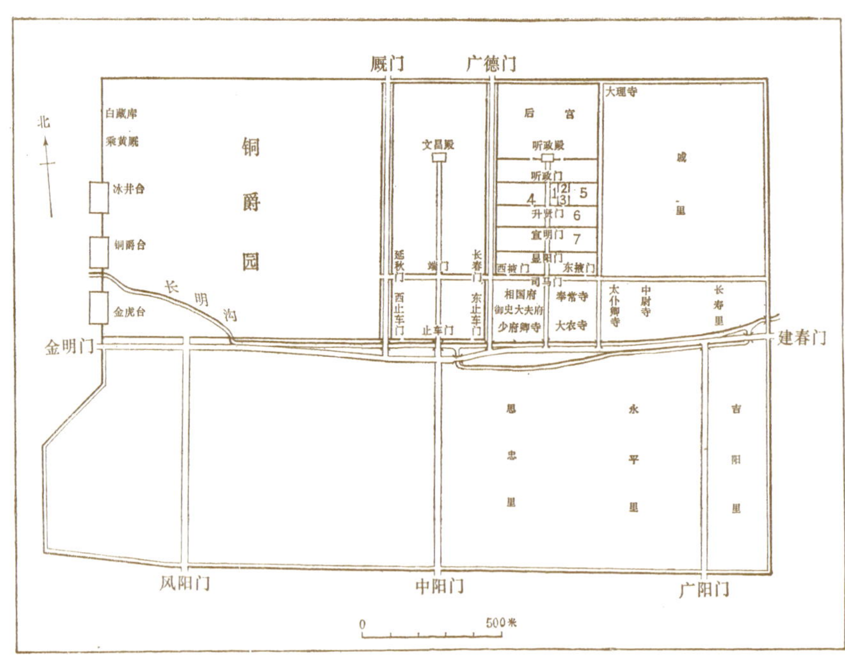

1.听政闼 2.纳言闼 3.崇礼门 4.顺德门 5.尚书台 6.内医署 7.谒者台阁、符节台阁、御史台阁（指北针指磁北，图廓纵线为真子午线）

曹魏邺城平面图

图片出自：中国社会科学院文物考古研究所．邺城文物菁华 [M]. 北京：文物出版社，2014.

汉魏洛阳城平面图

图片出自：钱国祥．汉魏洛阳城城门与宫院门的考察研究 [J]. 华夏考古，2018(6).

孔雀台出土刻石
三国魏

云纹瓦当
三国魏
直径 20.2 厘米
邺城考古队收藏

筒瓦
三国魏
直径 13.1 厘米、长 38.3 厘米
出土于倪辛庄村北、漳河河滩内
邺城考古队收藏

骨尺

三国魏
长 23.7 厘米、横 1.6 厘米、厚 0.1 厘米
甘肃省嘉峪关市新城 2 号墓出土
甘肃省博物馆藏

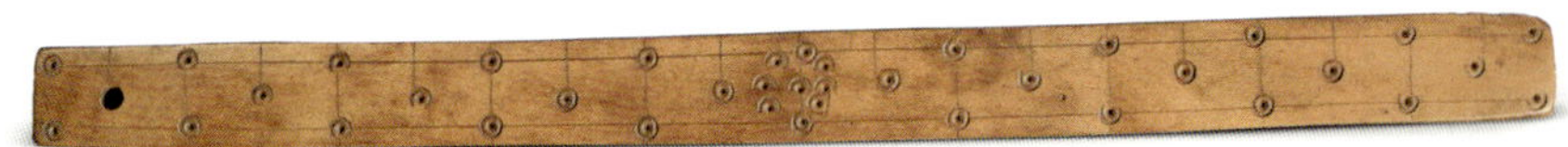

五铢铜钱

三国魏
直径 2.5 厘米、穿径 1 厘米
洛阳市文物考古研究院藏

玉猪

东汉
长 11.5 厘米
安徽省亳州市董园村 1 号墓出土
亳州博物馆藏

四兽纹带铭铜镜

三国魏

直径 13.3 厘米、缘厚 0.7 厘米

洛阳博物馆藏

庖厨俑：开发蜀地，西南归心

庖厨俑

东汉

高 42 厘米

重庆市三峡库区出土

重庆中国三峡博物馆藏

男性庖厨跪坐于地，头戴平上帻，身穿两层交领右衽式的袍服，腰部扎束起来。庖厨前方陈俎，即今日之砧板。俎上摆满食材，可辨认出有鱼及多种家禽家畜，庖厨口角微扬，表情柔和，这也是巴蜀地区东汉陶俑的突出特征之一。这件陶俑间接反映出当时益州地区的物产丰饶和生活富足。

在川渝地区汉墓随葬品中，庖厨类陶俑主要流行于东汉时期，一般和模仿厨房厨具的模型明器摆放在一起。《华阳国志》载，自从秦李冰开凿都江堰以来，成都平原受到良好的灌溉，“蜀于是盛有养生之饶焉”，这种繁盛至汉代犹存。在名篇《隆中对》里，诸葛亮指出“益州险塞，沃野千里，天府之土”，力劝刘备争夺益州，以之作为逐鹿中原的大本营。汉末的战乱对益州造成的破坏相对较轻，因此东汉繁盛时期的诸多文化因素到了三国时期仍然得以保留，墓葬中的庖厨俑便是其中之一。

灰陶击鼓说书俑

汉代
高 66 厘米
重庆市忠县花灯坟墓群出土
重庆中国三峡博物馆藏

——

说书俑又称说唱俑、俳优俑，常见于巴蜀地区东汉墓中。这件陶俑上身赤裸，大腹便便，呈半跪姿态，跣足，左手抱小鼓，右臂前伸。只见他笑口大张，眉目弯曲，表情神态传神。与此同时，陶俑的细节刻画也十分到位，额头的皱纹、头巾和裤子上的褶皱都清晰可见。

俳优作为一种艺术形式，始于先秦，盛于两汉，表演者主要通过幽默的语言、音乐、舞蹈等手段制造娱乐效果，为社会各界所喜爱。从史书记载和文物特征两方面不难看出，从事俳优者多为当时的社会下层，算不上一种“高雅”艺术。但史载才高八斗的曹植亦能进行俳优表演，为取悦名士邯郸淳，时为临淄侯的曹植亲自“科头拍袒，胡舞五椎锻、跳丸击剑、诵俳优小说数千言”，而后又正襟危坐侃侃而谈，令邯郸淳折服，称之为“天人”。

灰陶手提鱼菜俑

东汉
高 50 厘米
重庆市江北区大石坝 72 中学出土
重庆中国三峡博物馆藏

陶狗

东汉
高 77 厘米、长 65 厘米、腹围 32 厘米
四川省成都市天回乡天回山出土
四川博物院藏

石舞俑

东汉

高 61 厘米

重庆市出土

重庆中国三峡博物馆藏

灰陶方相俑

东汉

高 63 厘米、长 23 厘米

重庆市巫山出土

重庆中国三峡博物馆藏

舞女俑

东汉
高 65 厘米
四川博物院藏

石抚琴俑

东汉
高 38 厘米
重庆市出土
重庆中国三峡博物馆藏

汉末乱世各方混战之际，刘备于184年募兵参与镇压黄巾起义，并因立功获安喜县县尉一职。后辗转于公孙瓒、陶谦、吕布、曹操、袁绍之间。刘备意在匡扶汉室，200年汉献帝衣带诏血书诛曹事泄后，他投奔袁绍并重整势力。曹操与袁绍于官渡对峙期间，刘备以帮助袁绍联合刘表为由前往荆州，后替刘表防备曹操。官渡之战胜利后不久曹操就南下欲夺荆州，恰逢刘表病故，其子刘琮率众降曹，刘备遣诸葛亮为使者与江东的孙权结盟，联手战胜曹军于赤壁，迫使曹军退回北方。孙刘双方则借机壮大各自势力，由此奠定南北相峙局面的基础。赤壁之战后，刘备占据荆州南部四郡，后于214年击败刘璋成为益州牧，219年在汉中之战中击败曹军，同年进位汉中王。为复兴汉室和强调其汉室后裔的正统身份，在曹丕称帝后次年，刘备也于成都称帝，国号汉，史称蜀汉。223年春，刘备病逝于白帝城，其子刘禅即位。诸葛亮辅政期间巩固与孙权的同盟，并入南中平乱，扩张领土。蜀汉领土一时东至巫峡、南达云贵、西抵缅甸、北到武都。蜀地农作物、绢、漆、铁、盐等物产丰富，利于发展经济。同时因四周被天险包围，易守难攻，形成了地域色彩浓厚的社会文化和思想信仰。

蜀地偏于一隅，周边地区少数民族众多，汉人豪强也多已与少数民族融合，在当地有很高的政治经济地位和强大的武装势力，两汉时期便时服时反，在刘备治下也未有好转。据《三国志》《汉晋春秋》等文献记载，刘备逝世后，蜀国局势动荡，以雍闿、高定、朱褒等为首的南中诸郡叛乱，当地颇有影响力的土著人首领孟获也随之起兵。经过一年的准备，225年春，诸葛亮亲率主力大军平定叛乱，在击败雍闿、孟获后南下与另一路当地豪强李恢的部队会师，向西南出兵滇池（今云南晋宁东），并分兵平定了四周的部族。同年秋，南中越嶲、永昌、益州、牂牁四郡归附。后世有传，诸葛亮战后领兵撤出南中，不留一兵一卒，借此凸显诸葛亮令人信服，南中各部族对蜀汉俯首称臣。然而部分文献资料则证明，诸葛亮不留任何兵将一事略有夸大，并不完全符合史实。在平定南中诸族后，他仍然在南中地区留有强有力的政治和军事控制权，并且曾广收赋税征调兵力，负责戍卫南中的庲降都督一职也曾由马忠等大将担任。与管理其他地区不同的是，诸葛亮对南中地区采用恩威并施的策略，不一味以兵力和强权镇压，而是进行郡县改制，任用当地大姓、夷帅，以稳定南中地区社会秩序、缓和民族矛盾。同时将蜀汉先进的农业生产知识传授给南中地区的少数民族，使汉族的耕作水利技术与云贵地质地形结合，以丰厚的物质财富吸引各族停留在夷、汉的土地上发展生产。

从225年南征结束到263年蜀汉灭亡，三十八年间南中政局始终相对稳定，当地各少数民族彼此相安无事，农业和经济都有了很大发展，安定富足的生活也促进了当地的社会发展和民族融合。诸葛亮稳定南中的政策措施不但为蜀汉减少了驻军消耗，还获得了西南地区的特产资源，国库的充实为北伐提供了保障。诸葛亮的智慧与品格也在这一地区流传开来，除口口相传的著名的“七擒孟获”，还兴起祭拜祈福之礼。南中人民感念诸葛亮为他们带来富裕生活，在他到过的郡县修建诸葛武侯祠进行祭拜，或是将他与重要节日相关联。大理的白族甚至将诸葛亮奉为本主，修筑本王庙供奉其像，一年四季香火不绝。

从历史发展的角度看来，蜀汉政权对南中地区的管理，不但对我国西南地区的开发起到积极作用，更为中华民族的融和发展开创了历史先河。现藏于云南省博物馆的“孟滕子母印”，便是以南中孟姓为代表的西南人群逐渐融入中华民族的有力证据。

●南中平，皆即其渠率而用之。或以谏亮，亮曰：『若留外人，则当留兵，兵留则无所食，一不易也；加夷新伤破，父兄死丧，留外人而无兵者，必成祸患，二不易也；又夷累有废杀之罪，自嫌衅重，若留外人，终不相信，三不易也；今吾欲使不留兵，不运粮，而纲纪粗定，夷、汉粗安故耳。』

——《三国志·诸葛亮传》

●其秋病卒，黎庶追思，以为口实。至今梁、益之民咨述亮者，言犹在耳，虽甘棠之咏召公，郑人之歌子产，无以远譬也。孟轲有云：『以逸道使民，虽劳不怨；以生道杀人，虽死不忿。』信矣！

——《三国志·诸葛亮传》

拥彗·捧盾墓门

东汉

长 171 厘米、宽 75 厘米、厚 7.4 厘米

四川省成都市郫县兰家院子汉墓出土

四川博物院藏

出土于成都西郊郫县兰家院子的一座东汉墓中，本为墓室之封门，分左右两扇，分别以浅浮雕技法刻画出一人，相向而立，其原型可能为汉代负责开关亭门与捉拿盗贼的亭卒，他们有专门的称呼，分别为“亭父”和“求盗”。《史记集解》记载：“求盗者，旧时亭有两卒，其一为亭父，掌开闭扫除，一为求盗，掌逐捕盗贼。”左侧石门上的人物头戴武弁大冠，身穿宽袖长袍，身体微微前倾，双手捧一面盾牌，应为“求盗”；右侧人物头戴平巾帻，双手拥彗（即扫帚），应为“亭父”。持盾以示警卫，拥彗以表恭敬。古人将他们的形象表现在墓门上，以图起震慑、辟邪之作用。

另外，右侧的人物颧骨高且胡须浓密，有研究者认为这很可能是胡人的形象，在河南方城出土的画像石上也刻有拥彗持斧的亭卒形象，上方有榜题“胡奴门”。蜀地和西域、北方草原之间存在直接或间接的文化、经济交流，不仅有异域珍宝流入，更有胡人本身的融入。

河南方城出土“胡奴门”画像石，拓片图

人物连理树画像边砖

东汉

纵 19.5 厘米、厚 27.5 厘米、横 35.5 厘米

重 9.5 千克

四川省绵阳市梓潼汉墓出土

绵阳博物馆藏

左侧面

神树人物画像边砖

东汉

纵 17.5 厘米、厚 26.5 厘米、横 35.5 厘米

重 9.36 千克

四川省绵阳市梓潼汉墓出土

绵阳博物馆藏

左侧面

“直百五铢”铜钱

三国
直径 2.7 厘米
陕西省勉县老道寺镇沙家庄村等出土
勉县博物馆藏

蛇形铜叉

西汉
长 30 厘米、宽 6.5 厘米
云南省昆明市晋宁石寨山出土
云南省博物馆藏

铜蒺藜

三国
齿长 2 厘米
陕西省勉县定军山出土
勉县博物馆藏

局部

武士出征摆件

东汉

高 13 厘米、宽 5 厘米

云南省昭通市桂家院子出土

云南省博物馆藏

印文

铜孟滕子母印

三国—西晋
高约 1.5 厘米、边长约 1.8 厘米
云南省昭通市二坪寨梁堆墓出土
云南省博物馆藏

出土于云南昭通市二坪寨 2 号墓，时代为三国至西晋早期。青铜质，由大小两枚印章组成，大印侧面镂空，小印可以嵌入大印中，故称为子母印。大印用辟邪形钮，印文为“孟滕之印”；小印用桥形钮，印文为“孟滕”。

史书记载，三国时期以孟获为代表的孟姓为南中大姓之一。孟滕虽不见于记载，但从印章的精美和复杂程度来看，很可能是南中孟姓的成员。223 年，刘备去世，刘禅登基。蜀汉政权新遭夷陵之战的惨败，国内不稳，益州豪强勾结少数民族头领一起发动叛乱。诸葛亮南征后，尽管取得了军事上的胜利，仍然选择对这些大姓进行安抚，让他们统治本地，以换取大局长治久安。

局部

孔雀盖提梁铜壶

东汉

高 43 厘米、腹径 27 厘米

云南省昭通市桂家院子出土

云南省博物馆藏

凤首铜盉

东汉
长 34 厘米、高 19 厘米
云南省昭通市桂家院子出土
云南省博物馆藏

铜甗

东汉
通高 41 厘米
（上）口径 29.4 厘米、高 21.3 厘米
（下）内口径 13.6 厘米、高 20.6 厘米
云南省昭通市桂家院子出土
云南省博物馆藏

人形飞鸟铜器座

东汉
高 32 厘米、底径 10 厘米
云南省昭通市桂家院子出土
云南省博物馆藏

局部

走马楼竹简：东吴的制度建设

走马楼竹简

湖南省长沙市五一广场走马楼街 22 号古井出土
长沙简牍博物馆藏

走马楼吴简发现于长沙走马楼古井遗址当中，出土简牍包括竹简、木简、木牍等共十四万余件，上有东吴嘉禾年号。简牍内容主要为契约合同、田租税券、司法文书和民籍等，是研究东吴社会、政治、经济等问题的重要一手材料，大大弥补了传世史料的不足。

走马楼竹简·军粮调运简
三国吴
长 11 厘米、宽 1.3 厘米、厚 0.26 厘米

记载船上所用的樯、矴、杝等部件，是最早的帆船资料之一。根据所记录的樯的尺寸，推测船长为十七米左右。

走马楼竹简·职官简
三国吴
长 6.5 厘米、宽 0.6 厘米、厚 0.13 厘米

简文为“吕岱所领都尉”。吕岱为孙权手下的重要将领，曾参加东吴夺取荆州之役，并平定交州。孙亮登基后，授予吕岱大司马之职。

走马楼竹简 · 赋税简（左）
三国吴
长 23.3 厘米、宽 0.7 厘米、厚 0.11 厘米

简文为“入嘉禾元年步侯还民限米二斛”。系嘉禾元年（232 年）移交二斛米入仓之记录，这里的步侯当指东吴名臣步骘，曾被封临湘侯。

走马楼竹简 · 纪年简（右）
三国吴
长 23.5 厘米、宽 0.9 厘米、厚 0.12 厘米

简文为“其十斛船师何春备建安廿七年折咸米”，亦为粮食管理记录，值得注意的是“建安廿七年”五字。建安二十五年（220 年），曹丕代汉自立，改元黄初，孙权向魏称臣，原本应使用魏之年号，但是从这枚竹简可以看出，孙吴政权只是表面服从，在其内部仍然沿用东汉纪年。《三国志》记载孙权“外托事魏，而诚心不款”，与简文可对应。

在曹操受朝廷之命、刘备自筹兵马镇压黄巾起义的同时，孙坚也在淮泗一带招兵买马，和长江下游的豪族团结起来讨伐起义军。董卓之乱后，孙坚率军加入讨董联军，其间升任破虏将军，并因力战有功扬名天下。192 年，孙坚奉袁术指派攻打荆州刘表，在岘山中刘表部下黄祖之埋伏，中箭身亡。孙坚亡后，他在长江下游的盘踞势力由其子孙策继承，并在袁术败亡后收纳其旧部，不久全据江东。

孙权在哥哥孙策亡故后掌权，他怀柔江东世家大族，剿抚境内山越、五溪势力，大力发展农业和手工业生产。曹丕称帝后，孙权假意归附，被册封吴王，以求借曹魏的威信在江东稳固权力的正统性并逐步建立朝廷架构，后于 229 年在武昌称帝，国号吴，是为黄龙元年，不久后迁都建业。孙权执政期间吸纳大族名士进入东吴政权，达到权力主体逐渐江东地域化的转变，以获取本土各大士族的支持，确保稳定的统治。孙权执政后期，为平衡朝中势力维护王权，又着手打压士族。这个与江东士族周旋、协调、抗争的过程贯穿了孙吴政权的各个阶段。

同时，孙吴政权利用高超的造船和航行技术遣使沟通海外，对外输出青瓷等中国特产的同时，也带回海外风物。东吴通过建立政治和经贸的交流，扩大自身的影响力，影响范围远达东亚的日本和南亚诸国。

— * —

汉末天下大乱，诸侯混战，民不聊生，百姓纷纷放弃家园，流徙避难。中原难民有的向辽东、鲜卑等塞外地区，或是益州、荆州等地迁徙，也有很大一部分百姓选择南渡至孙吴治下的江南定居。如《三国志·魏书·卫凯传》记载："关中膏腴之地，顷遭荒乱，人民流入荆州者十万余家。"《三国志·吴书·张昭传》记载："汉末大乱，徐方士民多避难扬土，昭皆南渡江。"皆印证这一段历史。

南迁的民众大体可分两类。士大夫阶层人士携宗族、私党迁居江南，带来先进的思想、典章制度，乃至武装和优秀人才，成为辅助孙吴政权茁壮成长的重要力量。《三国志·魏书》有言，孙策主事之时，"四方贤士大夫避地江南者甚众"，东吴名将鲁肃也是因"雄杰四起，中州扰乱"而率"男女三百余人"投奔孙策。根据《三国志·吴书》的记载，除了孙氏宗族以外，吴国"列传"中有专传者五十九人，约半数来自中原，均在政府担任要职。孙吴政权建立初期，对北方士人的力量有相当的依赖。这些南下的贤士大夫同样促进了文化学术发展。他们在律法、文学、艺术等方面皆颇有建树，将江北的文化带到长江以南，并奠定了日后这一地区人文发展的基调。

另一类则是或躲避战乱，或作为某次战役的俘虏迁徙至江南定居的普通民众。214年,孙权征讨皖城,获“男女数万口”，从此控制江淮南部，便是一个典型事例。从江北淮南地区流入江南的人口，自孙策时期至孙权时期不下数十万人，为南方补充了大批劳动力。孙吴统治者十分重视农业发展，通过屯田、减少农民的徭役赋税等方式鼓励人们耕种。此外还改良农具、兴修水利，在大范围开垦原先因地广人稀而荒废的土地的同时，依靠更先进的工具和技术增加产量。其间稻作农业的比重也相应增长，在中国古代粮食生产中占有相当重要的一段历史时期。大量进入江南的人口也带来了经济的发展。因当地物产丰富且水上交通便利，迁移人口又从北方带来了技术，大大推动了江南地区包括造船、冶铸、丝织、煮盐等在内的手工业的繁荣发展。此外，借助有利的地理位置，孙吴不仅与魏蜀两国开展贸易，而且同高句丽、夷周（今中国台湾）、扶南（今柬埔寨）、林邑（今越南中部）等周边地区皆有商贸往来。这一时期江南的商业发展为日后经济中心南移打下重要基础。

吴国对江南的开发平衡了南北社会的发展，为东晋建立奠定了必要的基础。人口的大规模流入成为江南地区进一步开发的一大有利因素，也为后来江南门阀大族的诞生创造了条件。

●（沈）珩还言曰：『臣密参侍中刘晔，数为贼设奸计，终不久悫。臣闻兵家旧论，不恃敌之不我犯，恃我之不可犯，今为朝廷虑之。且当省息他役，惟务农桑以广军资；修缮舟车，增作战具，令皆兼盈；抚养兵民，使各得其所；揽延英俊，奖励将士，则天下可图矣。』

——《三国志·吴主传》

虎形石棺座

三国吴
长 144 厘米、高 31.5 厘米、宽 29 厘米
江苏省南京市江宁县上坊吴墓出土
南京市博物总馆藏

出土于南京江宁上坊孙吴大墓。该墓为前后室结构，采用四隅券进式的砖砌穹隆顶结构，墓室规模较大，带有四个耳室，墓室全长达20.16 米。出土文物丰富，包含青瓷器、青瓷俑、铜器、铁器、漆木器、金银器等多种类别。该墓是迄今发现的规模最大、结构最复杂的孙吴墓，考古专家推测墓主人为东吴政权的高等级人物，甚至有可能是某位宗室之王。

石棺座位于后室后部，两件一组，共三组六件，说明原先放置三具棺木。石棺座呈长条形，两端雕刻出虎头和虎的前爪，老虎的牙齿、胡须刻画得精细入微。长江中下游地下水位往往较浅，为了防止棺木浸水，部分级别较高的墓葬遂采用砖砌棺床来放置棺木，然而如上坊孙吴大墓这样精心制作的石棺座却十分罕见，仅在河南淮阳北关 1 号东汉墓中发现过类似的遗物。

上坊孙吴大墓后室

局部

青瓷堆塑人物楼阙魂瓶

三国吴
通高 45 厘米、底径 17 厘米
江苏省南京市江宁县上坊凤凰元年墓出土
南京市博物总馆藏

出土于南京上坊东吴墓，时间为凤凰元年（272 年）。这件魂瓶的基本样式为下罐上楼，上半部分堆塑出楼阁、门阙、角楼等建筑，四角各有一枚小罐，正中有一面圭首形碑立于龟形座上，碑上刻有“凤皇元年立位长沙太守友作浃使宜子孙”字样，下半部分呈罐形，贴塑胡人骑羊、朱雀、辟邪、甲鱼、佛像、螃蟹等装饰物。肩部刻有“九月十四作”。

魂瓶亦称“谷仓罐”“堆塑罐”，是六朝时期长江中下游流行的一种随葬明器，多为青瓷质，埋葬于大中型墓葬中。三国时期的魂瓶由汉代的五联罐或五管瓶演变而来，但是与五管瓶相比制作工艺复杂得多，一般罐体采用快轮拉坯，堆塑和贴塑的装饰物采用模制及捏制、刻画等多种方式加工而成。关于魂瓶的意义尚无定论，有研究者认为可能与灵魂升天的观念有关，亦有人认为魂瓶是对现实当中地主庄园的描绘。在这件凤凰元年魂瓶上出现了佛像，说明这一时期佛教文化在长江下游的存在，但与之同列的是其他祥瑞神兽甚至是水生动物形象的装饰，意味着佛像在普通民众当中尚未得到极高的尊崇。

局部

青瓷毛笔（上）

三国吴

长 22.6 厘米

江苏省南京市江宁县上坊吴墓出土

南京市博物馆总馆藏

青瓷书刀（下）

三国吴

长 21.6 厘米、宽 2.1 厘米、厚 0.8 厘米

江苏省南京市江宁县上坊吴墓出土

南京市博物馆总馆藏

金指环

三国吴
直径 1.5 厘米
江苏省南京市江宁县上坊吴墓出土
南京市博物总馆藏

青瓷牛车

三国吴
长 43 厘米、宽 26.4 厘米、高 26.8 厘米
江苏省南京市江宁县上坊吴墓出土
南京市博物总馆藏

人面纹瓦当

三国吴
直径 15 厘米、厚 5.4 厘米
江苏省南京市江宁县上坊吴墓出土
南京市博物总馆藏

“大泉当千”铜钱

三国吴
直径 3.4 厘米
江苏省南京市江宁县上坊吴墓出土
南京市博物总馆藏

童子史绰木牍

三国吴
长 24.7 厘米、宽 3.2 厘米、厚 0.4 厘米
湖北省鄂州市鄂城水泥厂 M1 出土
鄂州博物馆藏

青瓷槅

长 20.8 厘米、宽 16.8 厘米、高 19.6 厘米
鄂州博物馆藏

褐彩神鸟瑞兽纹青瓷盘口壶

三国吴
高 21.6 厘米、口径 10.4 厘米、底径 13.4 厘米
江苏省南京市大行宫建康城遗址出土
南京市博物总馆藏

出土于南京大行宫地区，属于六朝建康城遗址的核心范围内，同时出土的釉下彩绘瓷器还有一件双领罐以及三十多件残片。这件壶以快轮拉坯成型，盘口，束颈，鼓腹，肩部贴塑有两尊佛像、双首连体鸟形装饰物以及铺首衔环。胎色发灰，壶身表面施青釉，胎釉结合紧密，在釉下以黑褐色彩描绘出卷草纹、云气纹及鸾鸟、双角兽等神兽纹饰，整个腹部共有三十九只珍禽异兽，应当与当时观念中的"祥瑞"有关，肩部贴塑的连体鸟可能是文献记载的比翼鸟，也属于祥瑞。

这件盘口壶与南京江宁长岗村 5 号墓所出的盘口壶十分相似，均采用比较成熟的釉下彩技法，将以往关于釉下彩出现于唐代的认识提前到三国时期。大行宫出土的这批釉下彩瓷器质量明显高于同时期的普通陶瓷器，再加上出土地点以及器身上遍布的祥瑞图案，均显示出这批瓷器的特殊性。它们可能类似于后世的"官窑"瓷器，属于宫廷专用的器物。

南京江宁长岗村出土釉下彩瓷罐

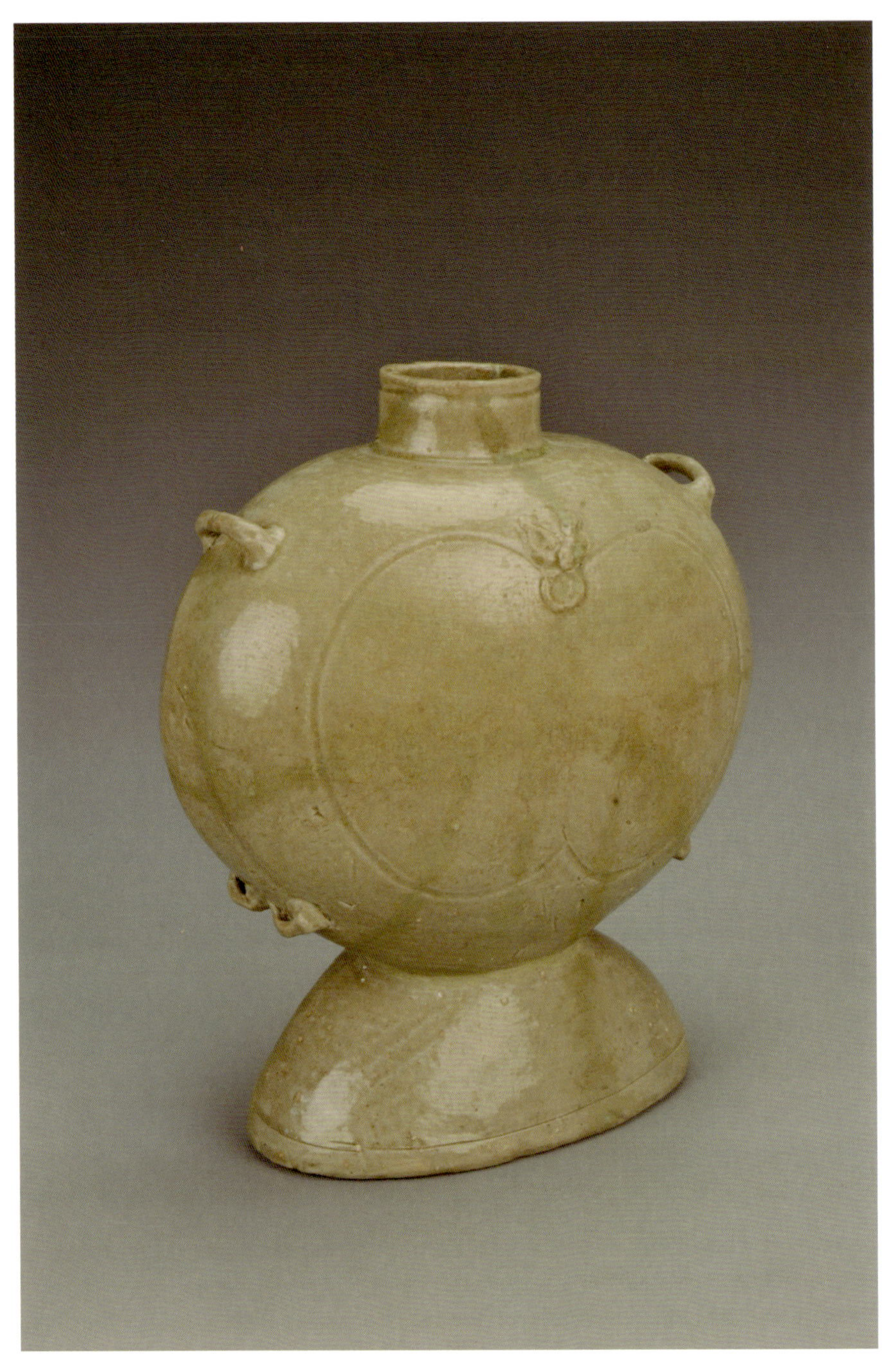

青瓷扁壶

三国吴

高 26 厘米、口径 5.5 厘米、底径 17.6 厘米

江苏省南京市郭家山东吴永安二年墓出土

南京市博物总馆藏

青瓷羊

三国吴
高 25 厘米、长 30.5 厘米
江苏省南京市草场门外吴甘露元年墓出土
南京市博物总馆藏

出土于南京清凉山东吴墓，同墓所出还有一件带有“甘露元年”铭文的青瓷熊形灯。“甘露”作为年号曾被多个朝代、政权所使用，结合墓葬位置和随葬品特征可知，此墓年代为东吴末帝孙皓时期，甘露元年即 265 年。

青瓷羊造型生动，在写实的基础上又有所发挥，整体健硕肥壮，挺胸昂首，口部微微张开，四肢蜷曲，头生弯角，肩部刻画双翼，带有浓厚的宗教意味。瓷羊的坯体采用模制、剔刻等技法成型，头部、腹部、臀部分体制成，而后粘接拼合。表面施绿釉，晶莹无瑕，烧制时头部朝上摆放，因此在臀部留下环形的支垫痕迹。羊头顶部开一圆孔，由此推测其原为烛台或酒樽。这类青瓷羊为越窑的典型产品，东吴时期出现，沿用至东晋，并且传播到朝鲜半岛。

二、英雄辈出的时代

陶鼎：
不尊古法的一代枭雄

陶鼎

东汉—三国魏

河南省安阳市西高穴曹操高陵出土

河南省文物考古研究院藏

出土于安阳西高穴 2 号墓，该墓被推断为魏武帝曹操高陵。墓中共出土陶鼎十二件，均为泥质灰陶质地，鼎表面为素面，腹部呈釜形，下腹部均匀分布三枚蹄形足，双耳外撇。造型模仿实用的铜鼎，与豫北地区中小型汉墓常见的陶鼎几乎无异。

在汉末战乱中，大量高等级墓葬被军阀盗掘，以获取珍贵随葬品，亲历了这些的曹操父子遂在执政期间大力推行薄葬，一改两汉时期的厚葬奢靡之风。曹操死后，曹植为其所作诔文中提到“明器无饰，陶素是嘉”，强调随葬陶器的朴素，这与西高穴 2 号墓中出土的陶器特征相吻合。《后汉书·礼仪志》记载，东汉时期皇帝下葬时，放置进陵墓的随葬陶器中亦包括“瓦鼎十二”，尽管我们尚不知道这条记载在当时的实际执行情况，但仍然能够借此证明西高穴 2 号墓墓主人身份的尊贵。

石圭

三国魏

高 22.7 厘米、宽 11 厘米、厚 2.7 厘米

山东省东阿县曹植墓出土

东阿县文物管理所藏

石璧

三国魏
外径 25.2 厘米、内径 7.9 厘米
山东省东阿县曹植墓出土
东阿县文物管理所藏

圭、璧为先秦两汉时期常见的礼器，用于祭祀、朝聘以及随葬，通常以玉制成。东汉末年，由于社会动荡、经济凋敝，统治者大力提倡薄葬，除了大量使用陶器随葬外，以石器替代玉器也是其中的一个表现。即便如此，石圭、石璧仍然非常人所能用，而是具有浓厚的身份象征意味，目前出土此类礼器的均为汉末至曹魏时期的高等级墓葬，除了曹植墓，还有安阳西高穴 2 号墓及洛阳西朱村 1 号墓。

据《三国志》记载，曹操出生在官宦世家，其先祖是西汉时的丞相曹参，其父曹嵩是宦官曹腾的养子。东汉末年，曹操以汉朝天子刘协的名义征讨四方，对内消灭多方割据势力，对外降服边境外族，统一了中国北方，为曹魏政权的建立奠定基础。曹操统治期间实行了许多强有力的经济措施以稳定社会、恢复生产，使中原社会逐渐从东汉末年的动荡中恢复。建安十八年（213年），曹操获封魏公，建立魏公国，定都河北邺城，而后晋爵魏王。曹操去世后，其子曹丕称帝，国号魏，追尊曹操为武皇帝，庙号太祖。

曹操身后一千八百年来，后人对他的评价众说纷纭。有以《三国志》和《资治通鉴》为代表的一方，肯定曹操在汉末战乱之时平定四方的功绩和一统天下安定万民的豪迈才情，视其为治世之英雄；也有以《汉晋春秋》和《三国演义》为代表的，强调曹操谋篡汉室、穷兵黩武的乱世之奸雄形象。客观地说，曹操终结割据、统一北方、稳定社会、积极改革，在政治、经济、文化等各个层面做出的巨大贡献是无法否定的。2009年，河南安阳市西高穴2号大墓被鉴定为曹操高陵，使得曹操这个饱受争议的历史人物再度成为社会关注的热点。根据《三国志·魏书·武帝纪》的记载，由于“天下未定”，曹操曾提出不尊古法，身后安葬于贫瘠之地，根据天然地势为墓基以节约民力，臣下在丧葬事后立即解除丧服、恢复职务，以上种种正反映曹操作为政治家、军事家顾全大局、节俭务实的一面。曹操墓的发现，不仅印证曹操生前节俭、死后薄葬的文献记录，也为今人深入了解、客观认识曹操的历史形象提供了宝贵史料。

曹操墓发掘现场

庚子，王崩于洛阳，年六十六。遗令曰：『天下尚未安定，未得遵古也。葬毕，皆除服。其将兵屯戍者，皆不得离屯部。有司各率乃职。敛以时服，无藏金玉珍宝。』谥曰武王。二月丁卯，葬高陵。

——《三国志·武帝纪》

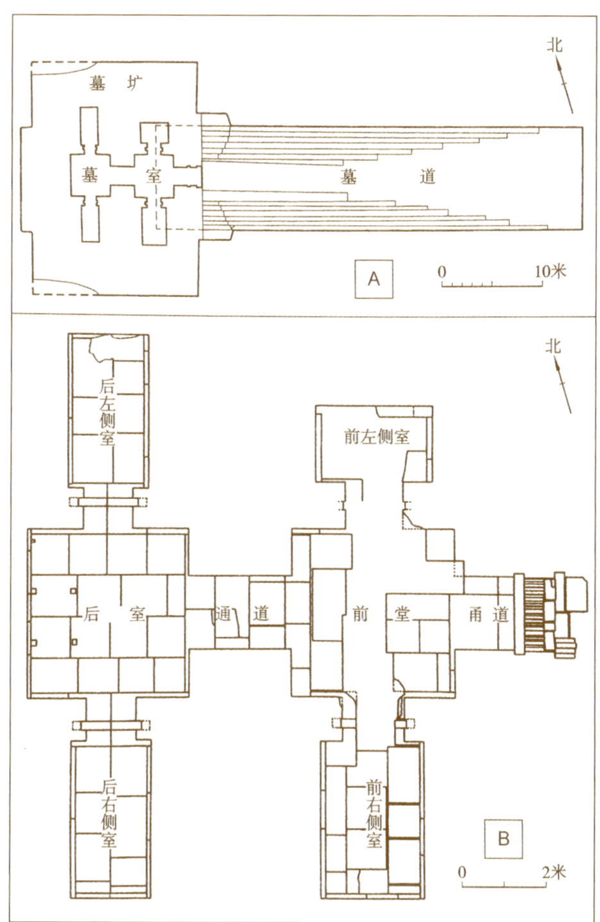

曹操墓平面图

河南安阳西高穴 2 号墓平面图（A. 墓葬；B. 墓室）

图片出自：中国社会科学院考古研究所 . 中国考古学 · 三国两晋南北朝卷 [M]. 北京：中国社会科学出版社 , 2019.

“魏武王常所用挌虎大戟”石牌

东汉—三国魏
长边 8.9 厘米、上斜短边 2.55 厘米、宽 3.15 厘米、厚 0.8 厘米、通长 10.95 厘米
河南省安阳市西高穴曹操高陵出土
河南省文物考古研究院藏

此即曹操生前所用武器的铭牌，石牌上的文字为汉末“八分体”隶书。该墓中共出土六十六块刻字石牌，多为隶书文字。根据石牌外形可分为圭形和六边形两类。牌顶端有圆孔，可穿铜环、铜链，便于悬挂。由文字内容可知，墓中随葬品除了魏武王生前常用的矛、戟、刀等武器外，还包括屏风、白绮裙等生活物品。此类刻铭石牌首见于西高穴 2 号大墓。另外在被判定为曹魏皇族墓的洛阳西朱村 1 号墓中也发现了同类石牌，由此推测此类石牌可能限于曹魏高等级墓葬所用。

刻铭石牌与战国秦汉时期墓葬中记载随葬品的清单——“遣策”存在相似之处，但遣策为竹木材质，上有墨书文字，如湖南长沙马王堆 1 号汉墓中出土木牌及竹筒形式的遣策三百余枚，详细记录了墓中随葬的食物、酒、衣物、生活用具等随葬品的名称和数量。与之相比，刻铭石牌制作工艺要求更高，所代表的墓主人身份也更尊贵。

马王堆汉墓出土遣策

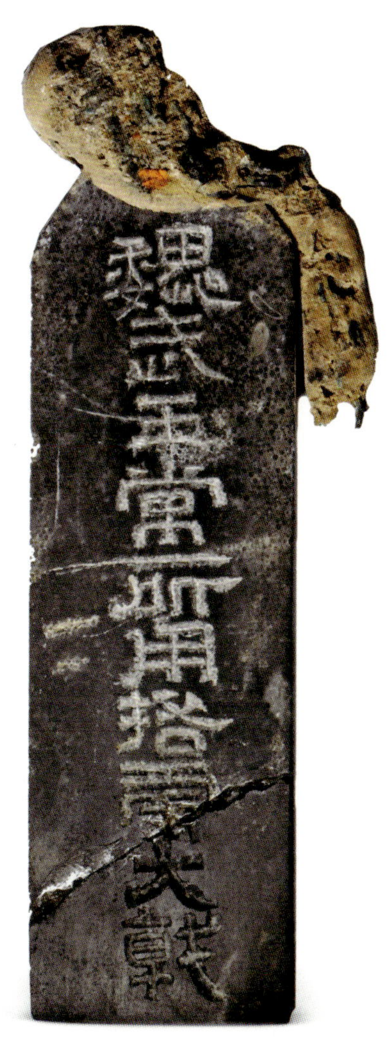
魏武王常所用挌虎大戟

“丹文直领一白绮裙自副”石牌

东汉—三国魏
长边 7.2 厘米、两短斜边 1.8 厘米、
宽 4.8 厘米、上部横短边 2.3 厘米、通高 8.4 厘米、厚 0.8 厘米
河南省安阳市西高穴曹操高陵出土
河南省文物考古研究院藏

“三尺五寸两叶画屏风一”石牌

东汉—三国魏
长边 7.2 厘米、两短斜边 1.8 厘米、
宽 4.8 厘米、上部横短边 2.3 厘米、通高 8.4 厘米、厚 0.8 厘米
河南省安阳市西高穴曹操高陵出土
河南省文物考古研究院藏

石牌

三国魏
每件长 8.5 厘米、宽 5 厘米、厚 0.9 厘米
河南省洛阳市西朱村曹魏墓出土
洛阳市文物考古研究院藏

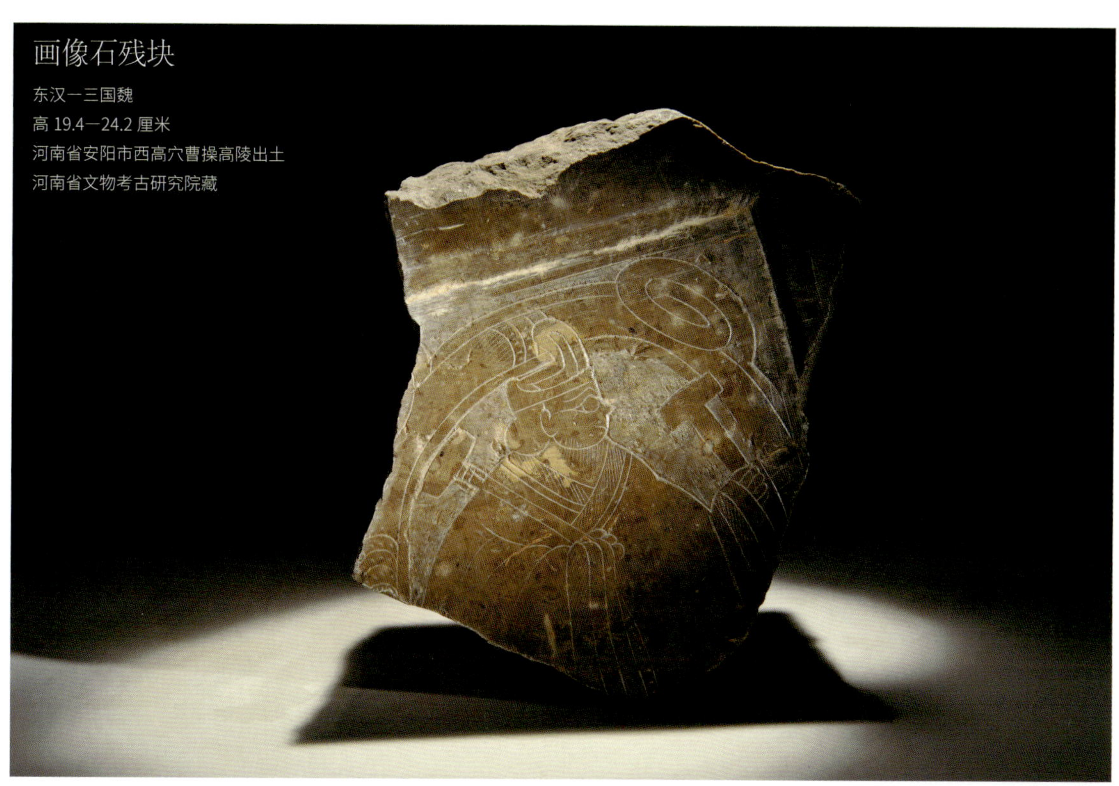

画像石残块

东汉—三国魏

高 19.4—24.2 厘米

河南省安阳市西高穴曹操高陵出土

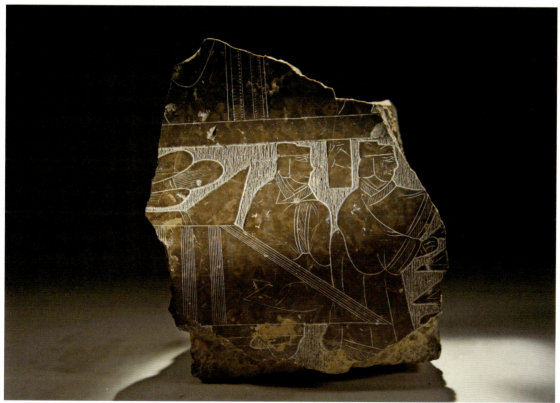

河南省文物考古研究院藏

三珠钗

东汉—三国魏

通长 15 厘米

河南省安阳市西高穴曹操高陵出土

河南省文物考古研究院藏

白瓷罐

东汉—三国魏

口径 8.7 厘米、颈高 1 厘米、腹径 16.2 厘米、

底径 10.9 厘米、通高 13.4 厘米

河南省安阳市西高穴曹操高陵出土

河南省文物考古研究院藏

青瓷罐

东汉—三国魏
口径 8.2 厘米、颈高 2.1 厘米、腹径 17 厘米、底径 10.4 厘米、高 17.6 厘米
河南省安阳市西高穴曹操高陵出土
河南省文物考古研究院藏

罐子的肩部有四枚桥形横系，均匀分布，可以穿绳，便于携带或悬挂。罐体表面施青绿色釉，薄厚不匀，下腹部及底部露胎，胎色灰白，质地细密，器表可见加工时留下的细密布纹。

西高穴 2 号墓中共出土青瓷四系罐七件。根据考古学家的研究成果，四系罐最早见于战国秦汉之际的岭南地区，是越人创造的产物，以印纹硬陶为主。后来随着汉王朝对岭南的开发不断推进，四系罐的分布范围逐渐向北方移动并被模仿。东汉中晚期时，长江中下游地区已经可以烧造出质量较好的青瓷四系罐，其造型和岭南的硬陶四系罐有了明显的区别。这些产品除了流行于江南外，在中原北方地区也有发现，且多出土于高等级墓葬中，表明社会上层对这类产品的珍视。西高穴 2 号墓的青瓷罐正是南方窑口烧制的，体现出这一时期南北方的文化、经济交流。

陶俑

东汉—三国魏
高 14 厘米
河南省安阳市西高穴曹操高陵出土
河南省文物考古研究院藏

鎏银铜张合器

东汉—三国魏
筒外径 3.4 厘米、内径 2.8 厘米、筒体高 4.3 厘米；
中部转轴部位直径 2.8 厘米、厚 0.6 厘米、通高 7.15 厘米
河南省安阳市西高穴曹操高陵出土
河南省文物考古研究院藏

鱼仔石镶饰件

东汉—三国魏
边长 4.2 厘米
河南省安阳市西高穴曹操高陵出土
河南省文物考古研究院藏

叶状银饰件

东汉—三国魏
长 12.95 厘米、后部最宽处 3.78 厘米、厚 0.1 厘米，铆钉长约 0.65 厘米
河南省安阳市西高穴曹操高陵出土
河南省文物考古研究院藏

玉觿

东汉—三国魏
残长 6.6 厘米、厚 0.25 厘米
河南省安阳市西高穴曹操高陵出土
河南省文物考古研究院藏

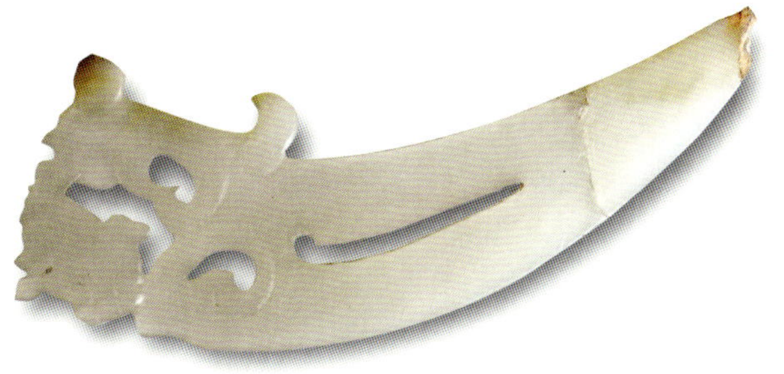

— * —

就在曹操高陵发掘不久后，于2010年，河南洛阳市发掘的孟津大汉冢曹魏贵族墓被鉴定为曹休墓。曹休字文烈，曹操族子，幼年丧父，十岁时便在战乱中携母亲去吴地避难。曹操起兵后曹休辗转至北方投奔，被曹操称为曹家的“千里驹”。曹操对曹休如同亲子，命他率领曹魏最精锐的虎豹骑，曹休则不负众望，屡立战功。曹魏建立后，曹休负责镇守东线，多次挫败吴军。官至大司马，封长平侯。公元228年，曹休在魏吴石亭之战中战败，上书朝廷谢罪，却因身为宗室子弟未受惩戒。但曹休仍愤恨羞愧，不久因背上毒疮发作而去世，葬于洛阳邙山。曹休墓是继曹操高陵之后又一曹魏时期规格较高的大型墓葬。曹休墓的发掘为曹魏墓葬的分期、曹操高陵的研究以及后续曹魏帝陵的发掘提供了重要资料。

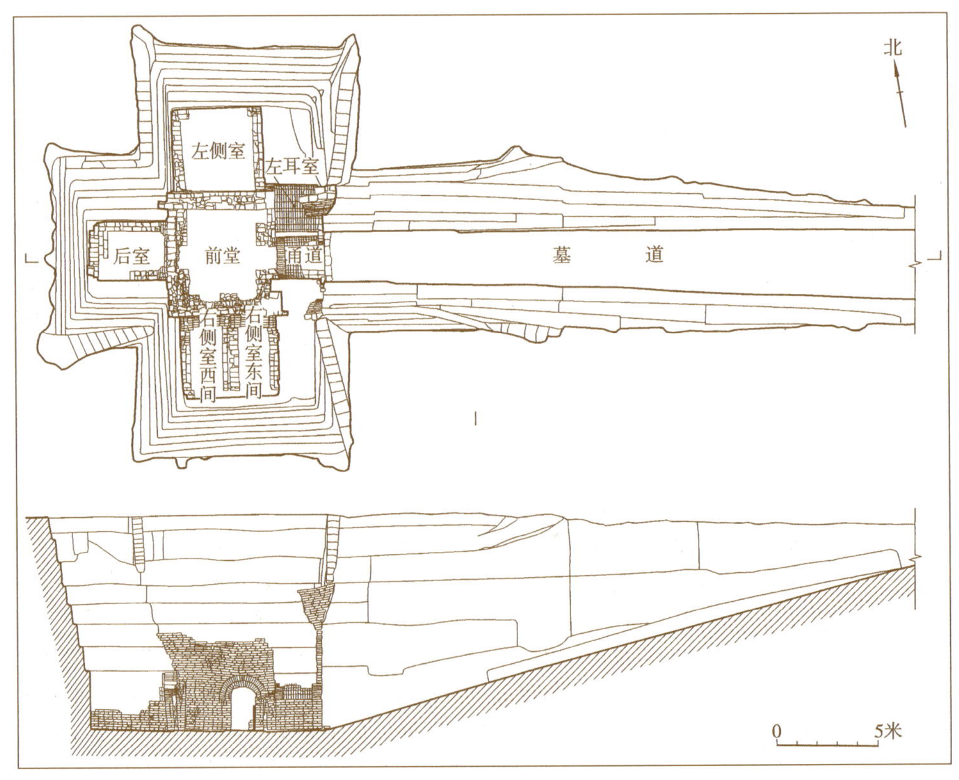

河南孟津曹休墓平面、剖视图

图片出自：中国社会科学院考古研究所．中国考古学·三国两晋南北朝卷[M]．北京：中国社会科学出版社，2019.

铜印章

三国魏

长 12 厘米、高 12 厘米

河南省洛阳市邙山曹休墓出土

洛阳市文物考古研究院藏

青铜铸造而成，桥形钮，方座，印面边长 2.4 厘米，略大于汉代的一寸。印文为篆体阴文“曹休”二字。这件印章出土于洛阳孟津大汉冢东汉陵区的 44 号墓，根据墓葬形制和随葬品特征，可知其时代为曹魏，且墓主人身份很高。该墓曾被盗掘，所幸印章仍在，将其他信息结合印文可判断出墓主人正是曹魏名将曹休。汉魏时期的官印有更为复杂的印钮，这枚铜印则采用简单的桥形钮，印文亦只有姓名，故可推断它是曹休的私印。

印文

鎏金铜带钩

三国魏
长 12 厘米、宽 2.5 厘米
河南省洛阳市邙山曹休墓出土
洛阳市文物考古研究院藏

——

带钩为腰带上的关键配件，起连接和固定作用，相当于今天的皮带扣。这件带钩为青铜质，整体呈曲棒形，表面鎏金。钩首为当时较为常见的兽首形，此兽头顶生双角，鼻中镶嵌料珠。钩身上以浅浮雕的手法表现瑞兽的形象。此瑞兽鸟首人身，头两侧有向上竖起的长耳，戴冠，双手抱鱼，用喙衔住鱼的吻部，背部生出一对翅膀。

相同样式的带钩目前共发现七例，分布于吉林、河北、河南、江苏等地。这件铜带钩出土于洛阳曹休墓中。曹休史书有载，系曹操之族子，深得曹操喜爱，曾长期跟随曹操征战，功勋卓著。曹休墓规格较高，形制和安阳西高穴 2 号墓存在相似之处，为推断西高穴墓的墓主人提供了重要线索。

铜长剑：中山靖王刘胜与刘备的身世之谜

铜长剑

汉代
长 71.8 厘米
河北省保定市满城汉墓出土
河北博物院藏

——

有机质的剑装已腐朽殆尽，唯余铜剑及两件玉剑饰。剑身为锡青铜质，整体细长，中线起脊，两面开刃。剑身共八面，断面近菱形，中段收束，刃部鎏金，锋、刃保存完好，依旧锋利。剑茎扁平，残留有木片和麻线痕迹，末端有一圆形小孔，用于固定剑首。铜剑全长 71.8 厘米，约合汉代三尺。

两件玉剑饰分别为剑璏和剑珌，均为白玉雕刻，玉质晶莹细腻。剑璏呈长条形，原本固定在剑鞘一侧，用于穿腰带从而佩剑。玉剑璏的表面雕刻密集的谷纹，背面有方形穿孔。剑珌位于剑鞘末端，呈梯形，两面有浮雕的螭虎，其顶部钻小孔，用于和木鞘相连接。

刘胜所生活的西汉早中期，正是钢铁兵器取代青铜兵器的重要转折阶段。由于性能不如钢铁，青铜兵器在实战当中的重要性有所下降，逐渐向礼仪用具转变。《晋书·舆服制》载："汉制自天子至于百官，无不佩剑"，官员、贵族们日常佩戴的剑当为礼仪用具。这柄铜剑上有鎏金且配备玉剑饰，属于名贵的"玉具剑"，与中山靖王的身份相匹配。

剑璏和剑珌

历史上的刘备，作为与曹操、孙权对抗、制衡的英杰，既有“明君”之誉，又有“枭雄”之称。据《三国志》《资治通鉴》等书中记载，刘备以仁德爱民、尊贤礼士而闻名，这样的形象基本符合古人对“明君”的定义。然而在同时代的许多人眼中，刘备更像是一位骁悍的“枭雄”。乱世之中，刘备白手起家，借西汉中山靖王刘胜后人的身份确立自己正统的地位，于乱世中立国。虽最终未能复兴汉室，但也能同曹魏孙吴分庭抗礼，割据一方。

靖王刘胜是汉景帝刘启之子，也是第一任中山王（前154—前113年）。西汉中山国位于今河北省中部偏西，是汉代北方郡国之一，沿袭战国时期的中山国而来，于西汉初由汉高祖刘邦立中山郡，定都卢奴县（今河北定州市）。中山国于西汉时期共有十王，其中八王均埋葬在卢奴及其附近县。1968年，考古队在位于定州东北的保定市满城区陵山主峰东、南面发掘两座西汉古墓，及散布在南面下方的附葬墓，后被证实为中山靖王刘胜、其王后窦绾的墓葬以及“王子坟”附葬墓群。中山靖王夫妇墓保存较为完好，出土了两千八百余件金、银、玉、陶、鎏金青铜器等随葬品，以及两套完整的由两千多块玉片组成的金缕玉衣，其中长信宫灯、错金博山炉等更是成为中国文博的经典符号，深入人心。

《史记·五宗世家》中有一段简短的对

中山靖王刘胜墓

中山靖王刘胜的描述，生动地勾描概括了刘胜性情："胜为人乐酒好内，有子枝属百二十余人。常与兄赵王相非，曰：'兄为王，专代吏治事。王者当日听音乐声色。'赵王亦非之，曰：'中山王徒日淫，不佐天子拊循百姓，何以称为藩臣！'"满城汉墓中出土的这些精致奢华的随葬品似乎暗合了对刘胜"日听音乐声色"的历史认知。作为刘胜子嗣中"百二十余人"其中的一支，刘备的身世自古便遭怀疑考订，如南朝宋裴松之受命为《三国志》作注时，就曾置疑刘备既然为汉室之后，然而并不知道以何帝为元祖来立祖庙，特别是在有英贤辅佐的情形下仍难寻关于祖先的记载，他一方面宣称血缘上的正统性，另一方面又无法解释这一明显有违汉儒宗族制度的事实，无疑是刘备身世一说中的巨大破绽。后世学者陈传席通过考证《汉书》文本，提出刘胜本人并非嫡出，且本人后代不昌，无论嫡系还是庶系五代后就没有子嗣了，中山国也依律除国为郡，直到汉元帝时，迁当时的宣帝子清河王刘竟为中山王才重新复国，足见刘备所言之虚。"受命于天，既寿永昌"，在群雄逐鹿的三国时代，上承汉祚，占据正统是曹魏和蜀汉身份合法性描述中的核心内容，由此产生的争辩根本上是对正统标准选择问题上的分歧，而这一标准的选择又当另作评说了。

满城汉墓出土的随葬品
左起：金缕玉衣、长信宫灯、错金博山炉

错金银铜豹

汉代
长 5.9 厘米
河北省保定市满城汉墓出土
河北博物院藏

——

出土于满城 2 号墓，墓主人为中山靖王刘胜的夫人窦绾。共出土四件铜豹，大小、形状相同，均以青铜铸造而成，表面用错金银的手法表现密集的豹斑。豹子造型生动，呈蜷卧姿势，头部昂起，口部张开，眼睛的位置留有空腔，镶嵌白玛瑙，因黏合料中含有朱砂，故呈现红色，愈加炯炯有神。尾部卷曲，贴于背部。平底，中空，体内灌铅以增重。

这几件铜豹是古代的一种生活用具，名为“镇”。先秦至汉代，人们习惯于坐于席上，为了防止席角卷起，需在四角各压上一枚镇。因此墓葬中出土的镇也往往是四件一组。镇本为实用器，但贵族所用的镇多以名贵的材料制作，装饰华丽，成为精美的艺术品。《楚辞》等文献中记载有白玉镇，但最常见的仍为铜镇，多制成动物形状，除了满城汉墓出土的豹形镇，还有做成熊、鹿、虎、辟邪、龟等形状的。例如在南昌新建西汉海昏侯刘贺墓中出土有鹿、龟、雁等多种类型的铜镇，其中龟镇的背部还填充兽皮，其间鎏金并镶嵌白玉颗粒，异常华美。

海昏侯墓出土的铜镇

鎏金银乳钉纹铜壶

汉代
高 45 厘米
河北省保定市满城汉墓出土
河北省文物研究所藏

由青铜铸造而成，带盖。铜壶敞口、束颈、鼓腹，下腹部连接圈足。壶口、圈足上段及壶盖均鎏金，肩部、腹部、圈足下段各有一圈鎏银纹饰带，在纹饰带之间有鎏金的斜方格纹，方格的交叉点上镶嵌银质乳钉作为装饰，方格的内部镶嵌绿色琉璃，其表面刻画出小方格。铜壶肩部有一对铺首衔环，铜环亦通体鎏金。

壶盖顶部为弧面形，下部收敛，为子口，刚好纳入壶口当中。盖顶均匀分布三枚云形钮。壶盖与壶身一样，装饰鎏金方格纹，镶嵌银乳钉及绿琉璃。

铜壶上有三处铭文，壶盖口沿上刻有“甀氏”，壶底刻有“甀氏，大官，五斗五升，今长乐饮官”，圈足内壁刻有“右□重四十斤一两八朱六□”。这些铭文内容不仅清楚标示了铜壶的重量和容量，还指明了铜壶的来源。“大官”即“太官”，是负责宫廷膳食的机构；“长乐饮官”即“长乐食官”，食官应为詹事的下属，负责给皇后或太子提供饮食。说明这件铜壶本是长乐宫中的用品，后来可能通过赏赐的途径到了中山国，并且在中山王死后随葬。

童子对棍图漆盘：东吴大将的简讯

童子对棍图漆盘

三国吴
高 1.8 厘米、口径 14 厘米、底径 6.8 厘米
安徽省马鞍山市朱然墓出土
三国朱然家族墓地博物馆藏

此盘内部为木胎，表层髹漆。器型敞口，浅腹，内底有两道同心圆式凸弦纹，将其分为三个区，分别描绘云龙纹、鱼、莲蓬、水波等纹样，主色为黑红两色。中心绘有山峰，山前两童子持棍对舞，漆盘外壁髹黑红色漆。盘底部用朱红漆书“蜀郡作牢”四字铭。

这件漆盘出土于安徽马鞍山东吴墓，根据随葬的墨书木名刺可知，墓主人为东吴大将朱然。朱然墓规模较大，出土各类器物一百四十多件，其中仅漆器就有六十余件，采用描漆、戗金雕漆、犀皮等多种漆艺，是极为重要的考古发现。漆盘底部的“蜀郡作牢”表明其产地为漆器生产中心之一的蜀郡。两汉时期，蜀郡生产的漆器驰名全国，并通过贸易、赏赐等途径传播到蒙古、朝鲜半岛等地。蜀郡漆器出现在东吴墓中，或表明尽管吴蜀之间曾经存在军事对峙，但经济、文化层面的交流并未断绝。

安徽省文物局和考古研究所 1984 年 6 月对位于马鞍山市南部雨山附近的一座三国时期墓葬开展发掘工作，并最终鉴定其墓主为东吴右军师、左大司马朱然。朱然墓为大中型的双室墓，是长江中下游发掘的东吴墓葬中墓主人身份清楚身份最高的大墓。朱然，字义封，丹杨故鄣（今浙江安吉）人。朱然原名施然，后被舅父毗陵侯朱治收养，年少时曾同孙权一起学习，相交甚笃。孙权掌权后朱然任折冲校尉、临川郡太守等职，后因参与消灭关羽，抗御刘备有功而拜征北将军，封永安侯。223 年成功抵御曹魏的进攻，封当阳侯。246 年因领军攻占柤中，拜左大司马右军师。后于 249 年病逝。

朱然墓内出土的随葬器物共有一百四十多件，以漆木器、瓷器、陶器和铜器为主。这批文物中漆木器有六十余件，分为十几个种类，为我国东吴墓葬以及汉末至六朝时期漆器工艺的研究提供了资料。其中出土的宫闱宴乐图漆案、季札挂剑图漆盘、百里奚会故妻图漆盘以及柏榆悲亲图漆盘等漆木器采用了描漆、戗金锥刻等装饰工艺。漆画多用朱红、黑红、金、深浅灰、赭、黑等颜色。这些彩绘注重写实，其细节精致准确，人物动作协调，表情栩栩如生。同时，从朱然墓中还出土了两类瓷器。一类属于越窑系统，器底内凹，蟹壳青釉，胎色浅灰微紫，胎釉紧密；另一类产自长江中游，平底，釉色豆青，胎色白中带灰，质地较疏松。这些窑系、形制不同的青瓷反映了东吴时期青瓷手工业的蓬勃发展。

宫闱宴乐图漆案，三国朱然家族墓地博物馆藏

孙策为人明果独断，勇盖天下，……及权继其业，有张子布以为腹心，有陆议、诸葛瑾、步骘以为股肱，有吕范、朱然以为爪牙，分任受职，乘闲伺隙，兵不妄动，故战少败而江南安。

——《三国志·吴主传》

铜熨斗

三国吴

高 5 厘米、柄长 22 厘米

安徽省马鞍山市朱然墓出土

三国朱然家族墓地博物馆藏

铜炭炉

三国吴

高 11.1 厘米、口径 30 厘米

安徽省马鞍山市朱然墓出土

三国朱然家族墓地博物馆藏

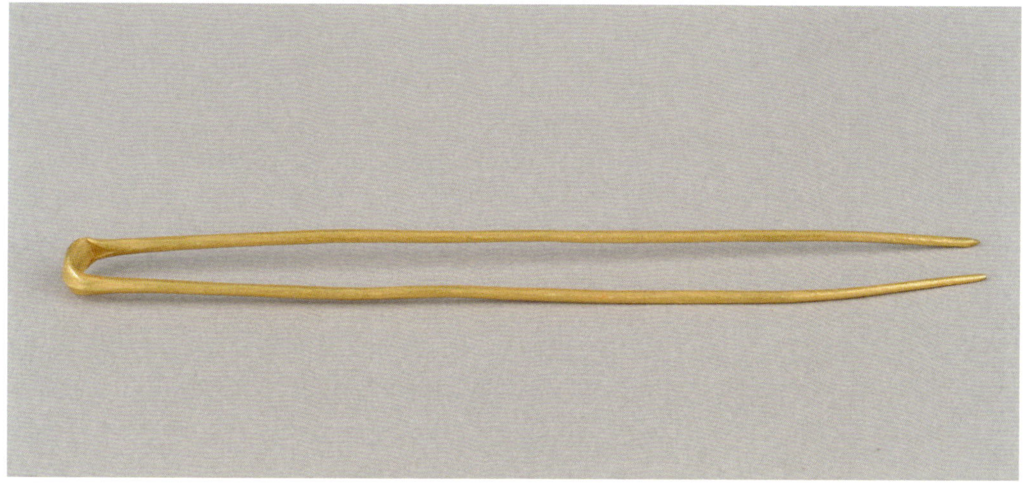

金钗

三国吴

长 10.2 厘米

安徽省马鞍山市朱然墓出土

三国朱然家族墓地博物馆藏

三、三国生活

《衮雪》：实证中的历史，历史中的想象

《衮雪》摩崖石刻拓片

现代

宽 52.5 厘米、长 177 厘米

汉中博物馆藏

建安二十四年（219 年），曹操痛失夏侯惇后率军从褒斜道进军汉中，与刘备大军对峙汉水。据传《衮雪》即作于当时（一说为 215 年曹操出兵平定汉中，追击五斗米教教主张道陵之孙张鲁期间所作），曹操见褒河流水汹涌而下，撞石飞花，犹如雪浪翻滚，兴之所至便挥笔题写“衮雪”二字。随从不解“衮”为何缺三点水，曹操笑答：“一河流水，岂缺水乎！”这一文字游戏遂成千古美谈。隶书“衮雪”二字字形浑圆流动，有澎湃之势，清代学者罗秀书在《褒谷古迹辑略》中感慨道：“昔人比魏武（曹操）为狮子，言其性之好动也。今见其书如此，如见其人矣！”

衮雪
魏王

褒斜道开凿于春秋，秦汉时成为连接关中、汉中、巴蜀的重要干道之一，道上悬崖峭壁遍布，工匠便于其上凿孔架木，修建栈道。为了打通屏障，古人在褒斜道南端用火焚水激法开凿了世界上最早的穿山交通隧道——石门。石门凿通之后，“穹隆高阁，有车辚辚。……千载绝轨，百辆更新”（《石门铭》），从汉魏到明清，迁客骚人往来于石门古道，留下了百来方摩崖石刻，其中尤以汉魏石刻为主的十三方最为精彩，被称作“石门十三品”，“十三品”对汉魏书法演变的研究而言意义重大。晚清书法大家吴昌硕就曾到石门临写汉碑，“曾读百汉碑，曾抱十石鼓”的他在汉隶和石鼓文中博取养分，开辟了书法艺术的新境界。1970 年，因修建石门水库，这十三件摩崖石刻被迁往汉中博物馆保存。

正如前文提到的记录儒家正经的熹平石碑，“石门十三品”除了对书法史的特殊贡献，也见证了古代交通和水利建设，其中有数方石刻记载了褒斜栈道的通塞历史，是古人留给后世的珍贵一手资料，为历史的书写补充了来自另一角度的文献。十三品中汉隶摩崖大字有四方，分别为《石门》《石虎》《玉盆》《衮雪》。《石门》相传是凿通石门时的纪念石刻；《石虎》传为西汉隐士郑子真感慨山峰形似猛虎而书写；《玉盆》传为张良所书，因褒水河中一巨石形似盆、质地如玉而得名；《衮雪》

石门拓碑旧照（1936 年，张佐周先生摄）

《石门》《玉盆》《石虎》拓片

则传为曹操手书。

219 年，曹操引军撤出汉中，之后接连爆发合肥、襄樊等地的战事，内部又遭遇邺城叛乱，“当建安之三八，实大命之所艰”（陆机，《吊魏武帝文》），经历这一年的惊心动魄后，220 年正月曹操病逝于洛阳。但一代枭雄的故事并未落幕，由于史料不足、语焉不详等原因，后世对这位三国时期最重要焦点人物的争讼注疏至今，相比之下，曹操遗留下来的有限的诗文字迹反而成了相对确凿的证据，“衮雪”是否为曹操真迹虽无定论，但并不妨碍后世将它与“东临碣石，以观沧海”的雄阔气度视为各表一枝的经典，挟裹着时间汇入滚滚东流的大河。

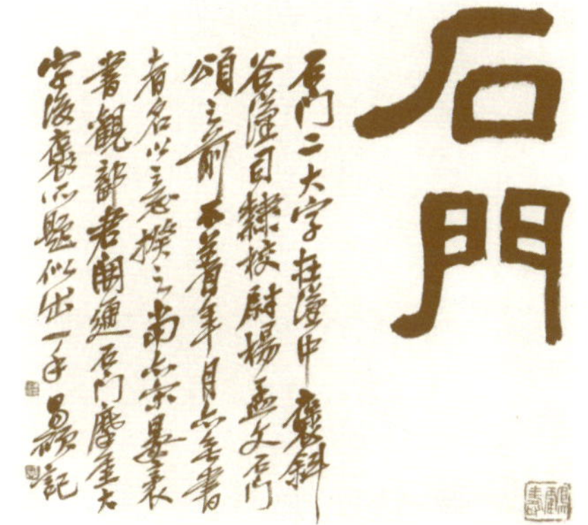

吴昌硕临《石门》

“会稽曹君丧躯”文字砖

东汉

高 30.8 厘米、长 15.3 厘米、厚 5.7 厘米

安徽省亳州市元宝坑村 1 号墓出土

亳州博物馆藏

文字砖砖面刻写隶书文字“会稽曹君丧躯”，来自安徽省亳州市南郊元宝坑村附近的 1 号墓，墓葬时代为东汉晚期的汉灵帝建宁三年（170 年）。此墓为带石门的砖砌多室墓，墓中随葬品丰富，出土有象牙、玻璃、玉石等材质的珍贵文物以及大量的铜构件、铜饰，推测墓主人身份较高。

此砖本为砌筑墓室所用的墓砖，一同发现的铭文砖共有一百四十五块，砖上文字系工人在砖坯未干的时候随手以细棒之类的工具刻写，文字内容除了涉及“会稽曹君”，还有曹褒、曹炽、曹鼎、曹勋、曹腾等多名曹姓人物。东汉时期，亳州所在的沛国谯郡曹氏为大家族，曹操正是源于谯郡曹氏。墓砖铭文中提到的曹腾为曹操祖父，曾任中常侍，爵位费亭侯，曹炽、曹鼎等人亦在史书中有记载。由此可知，元宝坑 1 号墓的墓主人也是曹氏家族的某位成员，他曾任会稽太守。

除了点明墓主人身份的铭文砖，还有些砖上刻写着工人们的哀怨，比如有一块砖的铭文为：“人谓壁作乐，作壁正独苦。却来却行壁，反是怒皇天”，表达了普通的下层百姓对于参加给曹氏修墓这项劳动的怨愤。再如同墓所出的刻有“仓天乃死”的墓砖（见本书第 87 页），令人联想到汉末黄巾起义时的口号“苍天已死”，或表明在黄巾起义之前，这种反抗的思想已经流传于民间了。

拓片

“人谓壁作乐”文字砖拓片

毌丘俭纪功碑

三国魏正始六年（245 年）
存纵 38.9 厘米、存横 29.9 厘米、厚 8.4 厘米
吉林省通化市集安西板岔岭出土
辽宁省博物馆藏

此碑于清光绪末年出土于吉林集安，曾先后被县劝学所、日伪奉天博物馆所藏，1949 年后入藏于辽宁省博物馆。石碑材质为赭红色含石英粒岩石，出土时已经残缺，仅剩左上角。正面阴刻隶书碑文，残留七行字，可辨识四十八个，碑文为：

正始三年高句丽反……
督七牙门讨句丽五……
复遣寇六年五月旋……
讨寇将军魏乌丸单于……
威寇将军都亭侯……
行裨将军领玄……
□□将军……

将这些碑文内容结合历史背景进行分析，可以断定此碑为曹魏名将毌丘俭讨伐高句丽后所刻。位于东北及朝鲜半岛北部的高句丽政权曾臣属曹魏，后来势力壮大，多次反叛入侵辽东，因此在曹魏正始年间，幽州刺史毌丘俭率军征讨高句丽，大获全胜，结束战争后刻石纪功。《三国志》当中记载了这段历史，但是关于毌丘俭出兵的具体年份，不同篇章中的记录存在矛盾。纪功碑的出土为解决这一问题提供了重要的材料。

巴蜀地区的摇钱树：
众神和而不同

蜀汉灰陶摇钱树座

三国蜀
通长 61 厘米、宽 42 厘米、高 61 厘米
重庆市丰都县林口墓地 2 号墓出土
重庆市文化遗产研究院藏

这件陶塑为摇钱树之底座，整体造型为“辟邪”绕柱的形象。中部有一柱形圆筒，上粗下细，即摇钱树的插座，柱身上有八个细孔，现嵌插五朵灵芝。辟邪昂首挺胸，头生双角，口部大张，獠牙外露，舌尖上卷，颌下长须卷曲，前肢两侧生双翼，尾部末端分叉，呈蛇形弯曲。底座前侧立一山形薄片桩，紧贴辟邪前胸向上，桩头伏卧一只鸱鸟。辟邪背部踞座一人，高髻广袖，应为仙人形象。辟邪臀部俯卧一蟾蜍，作攀爬状。辟邪前肢之间伸出一龙，后肢之间伸出一虎，伏于肢爪上，龙虎呈对峙状。

摇钱树多见于川渝汉墓中，一般由铜树身和陶树座构成，体现祈求财富、平安之寓意，亦可能含有引导墓主人升仙的宗教象征意义。辟邪是古代传说中的瑞兽，形似狮子而有双角、双翼，可祛除不祥和邪祟。东汉及南朝的高等级墓葬前常摆放辟邪石雕。与常见的摇钱树座相比，这件辟邪底座尤为精美和罕见，亦是不可多得的艺术珍品。

局部

摇钱树是东汉至三国时期十分流行的随葬品，目前考古发现的摇钱树近两百例，主要分布于以成都平原为中心的西南地区及周边的甘肃、青海等地。从出土情况来看，摇钱树的墓主人多为普通官吏和有财力的豪强，除了汉人还有一些汉化的羌人，并没有严格的身份等级限制。根据四川简阳出土的东汉画像石棺上的榜题，摇钱树在汉代或被称作“柱铢”。20 世纪 40 年代，冯汉骥先生根据四川彭山崖墓出土的此类器物的形态，将其定名为“摇钱树”。

摇钱树通常由树座和树身两部分组成，树座多为陶质、石质、木质，树身多为铜质，也有少部分为铁质。树座根据形态可分为山形座、神兽座等，或造仙山之境，或展现天禄、辟邪、玉兔等神兽风姿。树身上除了饰有大量方孔圆钱之外，还常出现西王母与羽人、三足乌、九尾狐、玉兔、蟾蜍等神仙人物和灵禽异兽的组合，这类图式也常见于汉代陵墓石刻。传说西王母居于昆仑，掌管着长生不死药，在民间的推崇下西王母逐渐成为全能的神灵，摇钱树上频繁出现其形象，是汉代神仙思想的有力体现。摇钱树作为明器随墓主人下葬，在当时被认为能引导墓主人的魂魄升往不死仙境，并庇佑子孙后代永葆平安富贵。财富崇拜与永生思想共同构筑了摇钱树的信仰体系，汉代人对于财富和不死的双重追求在摇钱树上得到了巧妙的结合。

另有部分出土的摇钱树，于树座、树干上塑有佛教造像，陕西省汉中市城固县东汉砖墓出土的摇钱树甚至在顶枝上也铸有佛像，取代了西王母的位置。学者认为这是佛教在中国西南地区传播的实物遗存。值得注意的是，佛教初传时人们认为佛陀也是仙界众神之一，这便造就了摇钱树上佛陀与西王母等本土神仙并置的“仙佛模式”。

四川省眉山市彭山区江口汉崖墓摇钱树（东汉）

树枝上的西王母形象

四川省绵阳市何家山 1 号墓摇钱树（东汉）

树身上的佛教造像

东吴陶俑：传统中的生机

持斧俑

三国吴

长 5 厘米、宽 5 厘米、高 12.5 厘米

湖北省武汉市黄陂蔡塘角 1 号墓出土

武汉博物馆藏

搿面俑

三国吴

长 6.5 厘米、宽 8 厘米、高 10.5 厘米、底座高 1 厘米

湖北省武汉市黄陂蔡塘角 1 号墓出土

武汉博物馆藏

俑是由木、陶等材质制成的人偶，早在春秋时期，用俑代替活人随葬就已成风俗，汉代以俑陪葬的风气更是普遍。青瓷俑在三国孙吴墓葬中多有出土，这些俑主要代表生前服务于墓主人的侍卫和奴仆，包括持刀而立的武士俑、烹饪美食的庖厨俑、侍奉文事的文书俑、击鼓吹奏的伎乐俑……形形色色的俑反映社会等级和社会分工，是当时社会生活的写照，而丰富的饮食器具、乐器、服饰也是研究孙吴时期物质生活的重要实物资料。如武汉市黄陂蔡塘角 1 号墓出土的杵臼俑（见本书第 199 页）就生动再现了孙吴时期人们加工农作物的场景。臼这一农用工具在新石器时期就已问世，于秦汉有所发展，至今仍有沿用。该杵臼俑竖直站立，双手持杵，杵下有臼，整体呈舂捣粮食作物的姿态。再看其扮相，盘髻束带，身着对襟短衫及长裙，眉间有凸状痣，可能是佛陀的白毫相，说明当时佛教在长江流域已有传播。

三国时期人们延续了汉代“事死如生”的丧葬风俗，烧制大量明器用以随葬。除了俑之外，东吴墓葬中还出土了院落、谷仓、出行工具、饮食器具等明器。与汉代的陶制品不同的是，这些明器主要为青瓷材质。东汉晚期，青瓷业就已在长江流域出现，东吴时期更是大获发展，考古学者在浙江上虞和江苏宜兴等地都发现了东吴时期的瓷窑遗址。东吴墓葬中出土的青瓷俑承袭汉俑的艺术特色，用捏塑法制成——匠人分别制作头、足、手等部件后，再将各部分整体捏合而成。俑身体表面施淡黄色釉或淡绿色釉，整体风格写实，面部轮廓分明，姿态以静态居多，注重以静传神，展现了当时青瓷艺术的水平和成就。

文书俑

三国吴
长 6.5 厘米、宽 6.5 厘米、高 13 厘米
湖北省武汉市黄陂蔡塘角 1 号墓出土
武汉博物馆藏

持扇俑

三国吴
长 6.5 厘米、宽 4 厘米、高 13.5 厘米
湖北省武汉市黄陂蔡塘角 1 号墓出土
武汉博物馆藏

伎乐连坐双俑

三国吴

长 10.5 厘米、宽 5.5 厘米、高 12 厘米、底座高 1.2 厘米

湖北省武汉市黄陂蔡塘角 1 号墓出土

武汉博物馆藏

伎乐连坐双俑

三国吴

长 10.5 厘米、宽 6 厘米、高 12 厘米、底座高 1.2 厘米

湖北省武汉市黄陂蔡塘角 1 号墓出土

武汉博物馆藏

伎乐连坐双俑

三国吴

长 12 厘米、宽 6 厘米、高 11.5 厘米、底座高 1.5 厘米

湖北省武汉市黄陂蔡塘角 1 号墓出土

武汉博物馆藏

跪坐俑

三国吴
长 7 厘米、宽 6 厘米、高 13 厘米
湖北省武汉市黄陂蔡塘角 1 号墓出土
武汉博物馆藏

持物俑

三国吴
长 6 厘米、宽 7 厘米、高 12.5 厘米
湖北省武汉市黄陂蔡塘角 1 号墓出土
武汉博物馆藏

杵臼俑

三国吴
长 5.5 厘米、宽 8 厘米、高 11.5 厘米、底座高 1 厘米
湖北省武汉市黄陂蔡塘角 1 号墓出土
武汉博物馆藏

武士俑

三国吴
长 6.5 厘米、宽 4.5 厘米、高 15 厘米
湖北省武汉市黄陂蔡塘角 1 号墓出土
武汉博物馆藏

"黄武元年"铜鍑：对峙与交流

"黄武元年"铜鍑

三国吴
口径 12.8 厘米、底径 10.6 厘米、腹径 17.6 厘米、高 20 厘米
湖北省鄂州市鄂钢古水井出土
鄂州博物馆藏

——

由湖北鄂州一座东汉至三国时期的水井遗址当中出土，器身为青铜所铸，口沿两侧有对称的环形耳，分别附有一枚铁环。鼓腹平底，肩部刻有铭文，内容为"黄武元年作三千四百卅八枚"，此外腹部还刻有"武昌""官"三字。肩部及下腹部原有破洞，分别以铜片和铆钉、生铁修补过。推测其功能原为汲水罐或炊煮器。

鍑这种容器起源于西周时期，本是北方游牧民族使用的炊器，广泛分布于欧亚草原，后来逐渐传入中原，有的为平底，有的带有高圈足。这件铜鍑及其铭文反映出东吴经营武昌的历史背景。在制作铜鍑的前一年，也就是 221 年，孙权为了控制从关羽手中新夺取的荆州地区，将都城从建业迁至鄂，并将其改名为武昌，取"以武而昌"的寓意，铜鍑刻铭表明这是一件官营作坊所生产的器具。考虑到铜鍑的便携性以及一次制作的数量如此之多，有研究者推测它们原本是供给军队使用的。

汉代铜鍑，内蒙古自治区文物考古研究所藏

曹操于208年挥兵南下攻占荆州，刘备直到曹军临近才得知消息，慌忙向南撤退，但在当阳县的长坂坡被曹操追上，只得继续逃亡，后进驻鄂县的樊口。同时，他派遣诸葛亮向江东孙权求援，结成联盟共同抗曹。联军沿长江向北与曹军在赤壁相遇。曹军因长途跋涉疲惫不堪又不习惯水战而失利，扎营于长江北岸。孙刘联军借势火烧曹军用铁链连接的战船，直捣上游的乌林，曹军被迫北撤。赤壁之战的失利使曹操失去了短时间内统一全国的时机，也使孙权和刘备有了喘息的空间，为二者发展各自的势力提供了机会，也为之后三国鼎立的局势奠定了基础。这一单元中的铁箭镞便是在赤壁古战场采集到的孙吴军队使用的武器之一。同一批发掘的箭镞中，绝大部分的主要形制为铁质四棱形和方锥形两大类，前者较重，有可能是配合弓弩使用的。这些箭镞便是吴与蜀早期联合抗魏的见证。

然而蜀吴联盟并没有延续下去。就荆州归属的问题，两方势力之间而后多有龃龉。219年，孙权在外交方面联合曹操，借曹操的政治势力以天命为名攻打荆州，关羽战死，蜀吴联盟决裂。刘备为收复荆州并为关羽报仇而进攻孙吴，然于夷陵惨败，不久后病逝于白帝城。诸葛亮在刘备死后坚持之前同孙吴建立联盟的方针，虽然联盟在后期逐渐瓦解，但两国的外交往来一直持续到蜀汉灭亡才结束。在此期间，两国在经济贸易和文化等多方面的交流并未断绝。湖北省博物馆馆藏的黄武弩机上，所刻铭文的内容格式均与魏、蜀弩的铭文有相似之处，但又结合了孙吴士家世袭领兵制度和兵将隶属依附关系，形成了孙吴独有的铭文。这既是吴国与其他两国在文化方面相融合的见证，也是吴国发展自身经济政治文化体系的表现。

铁箭镞

三国吴
最长 11.5 厘米、最短 3.8 厘米
赤壁古战场采集
赤壁市博物馆藏

铜箭镞

三国吴
最长 11.7 厘米、最短 3.6 厘米
赤壁古战场采集
赤壁市博物馆藏

黄武弩机（附木臂）

三国吴
长 17.3、木臂总长 27 厘米
重 2.49 千克
湖北省荆州市江陵县纪南城南水门出土
湖北省博物馆藏

——

出土于湖北荆州纪南城，由弩臂和弩机组成，弩弓已经残失。弩臂为木质，长 54 厘米，整体呈亚腰形，中部较细，便于持握，弩臂表面刻出矢道，目前考古所见的弩大多只有金属弩机保存下来，这件木弩臂尚存，十分罕见。弩臂尾端嵌入青铜弩机。弩机包含郭、牙、牛、悬刀、望山、枢等部件，望山侧面标有刻度，以辅助瞄准。枢呈圆柱形，带有花瓣形帽。弩机表面刻写铭文，内容包括制作时间“黄武元年七月”及“陈香”“董嵩”“陈奴”等制作者、管理者和使用者之姓名，十分细致，与目前所见魏国及蜀汉的弩机刻铭有所不同。黄武为东吴孙权年号，黄武元年即 222 年。

弩是由弓改进而来的远射武器，金属弩机诞生于战国早期，它的出现不仅增加了弩的强度，还可以在望山设置标尺，提高弩的射击精度。战国至汉代的弩应遵循一定的尺寸标准，如长沙扫把塘 138 号楚墓中也出土了保存下来的木弩，其弩臂长度为 51.8 厘米，乐浪 147 号东汉墓出土的木弩弩臂长 54.1 厘米，均与黄武弩的尺寸接近。

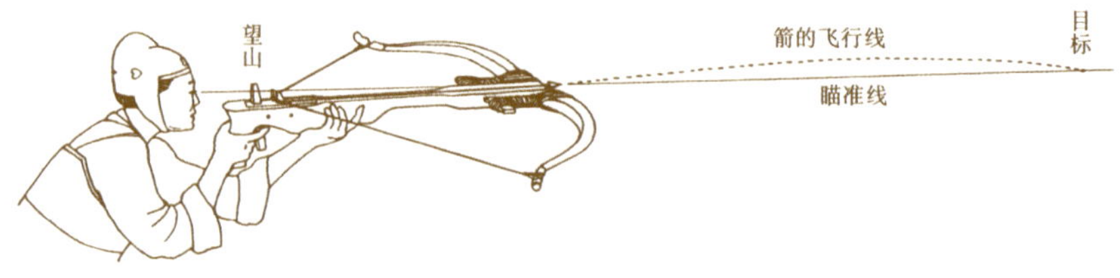

弩射示意图（图片出自：孙机．汉代物质文化资料图说 [M]. 上海：上海古籍出版社 .2011.）

铜铭文错金银带钩

三国吴
长 16 厘米
安徽省马鞍山市花山区慈湖电磁线厂出土
马鞍山市博物馆藏

青铜质，造型、纹饰与曹休墓出土的带钩（见本书 165 页）十分相似，说明二者很可能存在共同的来源，或者有文化交流的背景。带钩背面刻有铭文“丙午钩口含珠手抱鱼大吉”，“丙午”即五月五日，根据阴阳五行思想，铸造时应选择火月、火日、火时，取吉祥之意。

陶俑

三国

通高 33 厘米

重 2.909 千克

湖北省赤壁市赤壁镇芦林畈村出土

赤壁市博物馆藏

战船模型

现代

鄂州市博物馆藏

第三章　重归一统

公元263年，魏灭蜀。两年后，司马昭之子司马炎重演曹丕代汉的“禅让”故事，成为晋朝的开国皇帝，史称“西晋”。279年，晋五路大军大举攻吴，晋军蜀中水师顺流而下，吴军望风而降。280年三月，水师抵达建业，接受了吴帝孙皓的降表。从汉献帝初平元年（190年）董卓之乱后延续九十年之久的分裂割据局面，到此终于结束，中国重新归于一统。

“晋平吴天下大平”砖：最简版《三国志》

“晋平吴天下大平”砖

西晋

长 30 厘米、宽 15.4 厘米、高 5 厘米

江苏省南京市江宁区淳化镇索墅砖瓦厂 1 号墓

南京市博物总馆藏

出土于南京江宁索墅西晋墓，原为砌筑墓室所用的墓砖，在其侧面模印花纹和文字，文字内容连读为“姓朱江乘人居上描大岁庚子晋平吴天下大（太）平”，这段文字的断句应为：“姓朱，江乘人，居上描。大岁庚子，晋平吴，天下大（太）平。”由此可知墓主人姓朱，籍贯为江乘。铭文里的庚子年应为太康元年（280 年），这一年西晋灭吴，正式结束了三国纷争的局面。

砖室墓从西汉时期出现，绝大多数墓砖上是没有文字的，这块铭文砖的历史价值很高。此墓的墓主人，很可能曾经是一名吴国人，我们已无从得知他的内心究竟如何看待“晋平吴”这件重大的历史转折，但客观说来，三分归一统后，天下百姓的确迎来了难得的一段和平时光，诞生了所谓的“太康盛世”。

● 纷纷世事无穷尽，天数茫茫不可逃。
鼎足三分已成梦，后人凭吊空牢骚。

——《三国演义》

司马懿字仲达，东汉京兆尹司马防之子，自幼博学洽闻。司马氏家族历史悠久，是河内的大族。司马懿 201 年被举荐为河内郡上计掾，历仕曹操（武帝）、曹丕（文帝）、曹叡（明帝）、曹芳（齐王），为曹魏势力多有献计。219 年被曹操任命为太子中庶子辅佐曹丕，曹丕称帝后，受封安国乡侯，升任侍中、尚书右仆射。司马懿多次率军与蜀、吴大战，并在 238 年击败公孙渊，平定辽东。

明帝时期，魏国政治已经相当腐败，九品中正制在世家大族的把持之下成为巩固门阀势力的工具，不仅加深了官民之间的社会矛盾，也激化了统治阶级内部争权夺利的斗争。239 年，明帝曹叡逝世，遗命司马懿与曹爽一起辅佐年幼的曹芳，但二人不和，明争暗斗不止。终在公元 249 年，称病已久的司马懿乘曹爽等曹氏宗亲拜祭曹叡的时机发动政变，曹爽轻信司马懿之计放弃兵权，却被司马懿以谋反罪诛杀，自此司马懿专魏之权直至逝世。

司马懿死后，其子司马师、司马昭权倾朝野，254 年魏帝曹芳密谋发动政变废黜司马师，不料机事不密被司马师察觉，司马师废黜曹芳另立曹髦（高贵乡公）为帝。次年毌丘俭、文钦发兵勤王，司马师于东征期间旧伤复发，不久身亡。司马师死后司马昭独揽朝政并立曹奂为帝。263 年司马昭发兵攻蜀，蜀后主刘禅投降，蜀汉灭亡。

蜀汉灭亡后，曹奂拜司马昭为丞相，加封晋王，同年司马昭病逝。266 年曹奂禅位于司马昭之子司马炎，司马氏代魏，曹魏灭亡，西晋建立。征服蜀地后，晋在长江上游大肆兴训水师。吴帝孙皓避祸武昌，不仅遭到官民一致反对，又受到江南汉人和越人起义的影响，复还建业。终于在 279 年，晋国起兵二十万，顺流攻吴，孙皓投降，吴国灭亡。自此，从汉献帝初平元年董卓之乱之后持续近百年的割据分裂局面终归一统。

狮形青瓷盂：人心思安

狮形青瓷盂

西晋
长 12.5 厘米、宽 6.5 厘米、高 8 厘米
河南省洛阳市矿山厂出土
洛阳博物馆藏

——

出土于河南洛阳，为西晋时期越窑的典型产品，模制成型，通体施青釉，胎釉结合紧密。狮子造型生动，四足蜷曲，呈俯卧态，头部高昂，双目圆睁，张口露齿，下颌及两腮有长须，在背部刻画出整齐的鬃毛，腹部两侧有羽翼，尾巴似蕉叶。狮子腹内中空，背部中央竖起一根圆管，与腹部连通。

同类产品在江苏、浙江、山东等地都有发现，如南京禄口西晋墓出土的，与洛阳的这件十分相似。这种背部有管的青瓷狮的功用，过去曾认为是盛水器，后来有学者考证其为“插器”，即用于安插蜡烛等物的底座。狮子本非中国所产，皆从西域传入，被赋予辟邪的神性。到了魏晋南北朝时期又因为佛教的因素，狮子的形象更加深入日常生活，但由于绝大多数人无缘亲自观察，故而文物当中的狮子形象往往不够写实。在西晋首都洛阳出现了南方越窑的产品，表明在这难得的和平统一时期，南北方的物质文化交流更加通畅。

南京禄口西晋墓出土青瓷狮

经历近百年的战乱终于恢复和平，所有人都觉得安定的日子终于来了，包括统治者与精英阶层在内都觉应该停下来享受这份安宁。安宁的时光让人们有了思考的时间，有人觉得生命无常，想用这有限的时光获取世间最多的美好；有人思考生命如此脆弱，活着的意义为何。统治者专注享乐挥霍成风，学者们崇尚清谈大都鄙夷实务。世家大族在汉末的乱世中不但没有被削弱反而愈发强大，司马氏自觉得位不正，对世家大族的优容无度更是推波助澜。

汉代经学至曹魏时便已衰落，取而代之的是糅合道家老庄思想和儒家经义而成的“玄学”，形成当时士族阶级典型的文化风貌。玄学家讨论问题的方式称为“清谈”，不再臧否人物、时政，转而探讨抽象玄理。早期代表人物如何晏、王弼等，以道教经典《老子》《庄子》注说《周易》，将天地自然与名教礼法对应起来。司马氏统治期间，玄学分化出激进、温和两派。激进派主张“越名教而任自然”的思想，蔑视礼法，放浪形骸，实际上这也是对司马氏标榜“名教之治”以笼络人心、宣传统治合理性做法的曲折反抗；温和派则论证名教和自然两者的同一性，认为儒家“名教”为“有”，乃是道家“自然”为“无”的一种必要体现。在诸多魏晋名士之中，阮籍、嵇康、山涛、刘伶、阮咸、向秀、王戎七人被合称为“竹林七贤”，他们狂狷风流，恣意潇洒，为魏晋名士个中翘楚。

“魏晋风度”流行于朝廷和高门士族之间，对后期东晋南北朝的文化面貌也造成深远影响。然而这短暂安宁的背后却隐藏着深深的忧患，最终为统治阶级自食其恶果。在今天看来，这些对战乱的反思和对生命与死亡的体悟，确实为中国的哲学思想增添了一座座高峰，更深刻影响了中国思想史的发展方向。

青瓷盘口壶

西晋

口径 13.6 厘米、腹径 25.7 厘米、底径 13.4 厘米、高 24.2 厘米

山东省临沂市王羲之故居公园洗砚池 1 号墓出土

临沂市博物馆藏

酱釉壶

西晋

口径 2.25 厘米、腹径 5.5 厘米、底径 3.25 厘米、高 5 厘米

山东省临沂市王羲之故居公园洗砚池 1 号墓出土

临沂市博物馆藏

酱釉壶

西晋

口径 1.8 厘米、腹径 4.75 厘米、底径 2.5 厘米、高 3.8 厘米

山东省临沂市王羲之故居公园洗砚池 1 号墓出土

临沂市博物馆藏

酱釉壶

西晋

口径 1.9 厘米、腹径 5.2 厘米、底径 2.8 厘米、高 4.6 厘米

山东省临沂市王羲之故居公园洗砚池 1 号墓出土

临沂市博物馆藏

酱釉双系壶

西晋

口径 2.3 厘米、腹径 5.2 厘米、底径 2.2 厘米、高 4.75 厘米

山东省临沂市王羲之故居公园洗砚池 1 号墓出土

临沂市博物馆藏

蝉纹金珰

西晋
长 4.9 厘米、宽 5.3 厘米
山东省临沂市王羲之故居公园洗砚池 1 号墓出土
临沂市博物馆藏

——

以五边形铜板为地，外贴金箔，表面镂雕成蝉形，蝉目突起，原有镶嵌物已缺失，蝉的双翼清晰可见，轮廓线中填充细密的小金粒，极为精致，此种工艺从西域传来。金珰是冠帽上的装饰物，取蝉“居高饮洁”之意。《晋书·舆服志》记载：“侍中、常侍则加金珰，附蝉为饰，插以貂毛。”根据这条记载可知，金珰为官员所用，同时簪插貂尾，合称“貂蝉”。除此之外皇后、宫廷女官及朝廷命妇亦可使用。

这件蝉纹金珰出土于山东临沂洗砚池 1 号晋墓当中，与南京仙鹤观 6 号东晋墓出土的较为相似。洗砚池晋墓规格较高，出土的二百七十余件文物在种类、数量、制作工艺上都非常突出，墓主人为三名未成年儿童，据推测可能是皇室成员，以官员所用的金珰为儿童随葬，是豪门望族财富和权力的体现。

南京仙鹤观东晋墓出土金珰

结语

大江东去，浪淘尽，千古风流人物。
故垒西边，人道是，三国周郎赤壁。
乱石穿空，惊涛拍岸，卷起千堆雪。
江山如画，一时多少豪杰。

苏轼泛舟赤壁，一首《念奴娇·赤壁怀古》，将浩荡壮美的长江、赤壁与功业非凡的英雄豪杰并收笔下，字里行间一幅恢宏的历史画卷映入眼帘。长江奔流千载浩浩无回，浪花翻滚漩涡激荡的江水之下留住了历史的沉淀。异彩纷呈的三国时代，匆匆不过百年，但群雄逐鹿、英雄辈出，其时的家国情怀、政治抱负、计谋韬略、军事智慧、文化修为、艺术造诣等，在亿万华夏儿女心中留下了不可磨灭的印记，随着华夏血脉的传承而远播四方。后人根据三国时期的历史和传说，创造出难以计数的诗词、绘画、雕塑、评书、戏剧……汇聚成独特的“三国文化”，现今以“三国”为背景的小说、漫画、影视剧、游戏等更是经久不衰。

赵子龙大战长坂坡

清代

木雕

长 27 厘米、高 13.7 厘米、宽 19 厘米

亳州市博物馆藏

张玉亭制古城训弟彩塑

清代

关羽像高 33.5、张飞像高 31.5 厘米

天津博物馆藏

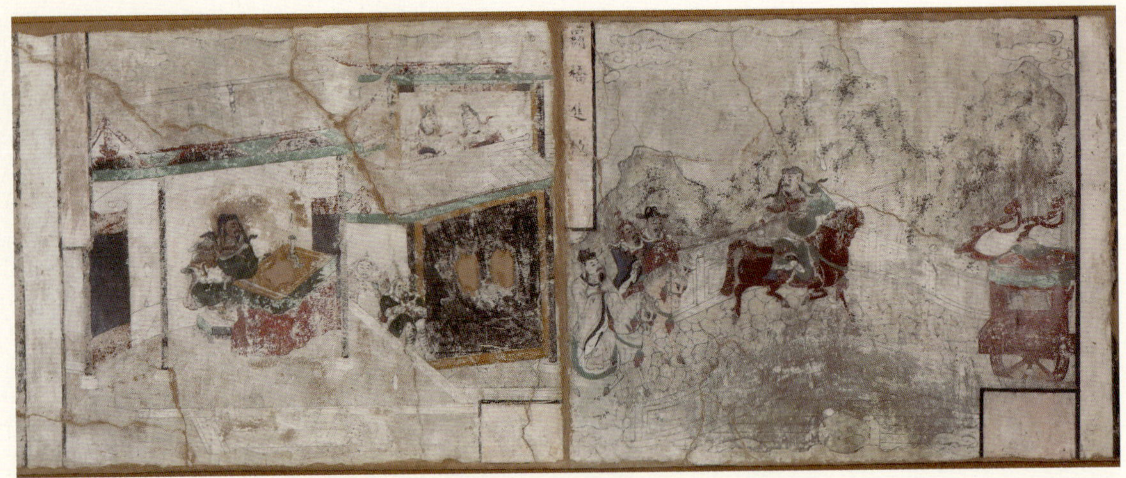

关帝庙壁画之关羽读兵书、霸（灞）桥进袍
长 197 厘米、高 88 厘米

关帝庙壁画之鞭打督尤（邮）、斩程远志
长 197 厘米、高 103 厘米

关帝庙壁画

清代
内蒙古自治区伏龙寺
内蒙古博物院藏

关帝庙壁画之大破黄巾
长 197 厘米、高 88 厘米

关公铜坐像

明代

高 172 厘米、宽 118 厘米、厚 98 厘米

新乡市博物馆藏

—

明代铜铸像，曾存放于河南范县西峰寺中，并被误传为唐代吴道子所铸。这尊关公铜像姿容威武，高达 172 厘米，关公呈坐姿，头部裹巾，身披锁甲，面容严肃威严，双眼微张，长须自然垂于胸前，纤毫毕现。右手握拳，横于右腿上方，左手展开，按压左髀，其造型与常见的关公像有所不同。

关羽是汉末非常有名的将领，也是《三国演义》当中的主要人物之一，在其生前就已经被魏、吴的敌人称赞为“万人之敌”“熊虎之将”“勇冠三军”等，在勇武方面与张飞齐名。两晋南北朝时期，武将们常自比或者被赞誉为“关张之勇”。从唐宋时期开始，关公崇拜文化逐渐发展起来，原本作为历史人物的关羽被不断神化。尽管正史并未详细记载关羽的容貌，但并不妨碍人们把想象的体貌特征附加给他，逐渐形成了今天所习见的威武雄壮的关公形象。

明代《关羽擒将图》中的关羽形象

局部

陶公（恭）祖三让徐州

吕布大闹凤仪亭

取冀州沮授受刑

孔明吴营定火功（攻）

遇渭水马鞍遮箭

取雒城魏延争功

天水关姜维降汉

困司马汉将奇谋

三国故事图片（部分）

清代

画芯每幅高 35.5 厘米、长 58 厘米

天津博物馆藏

《前赤壁赋》册（部分）

明代

张瑞图

画芯每幅高 26.5 厘米、长 13 厘米

天津博物馆藏

汉三国考古备忘录

文 / 市元垒（东京国立博物馆策展人）
译 / 李云河（中国社会科学院考古研究所博士后）

2019 年 7 月至 2020 年 1 月，在东京国立博物馆和九州国立博物馆举办了“三国志”特别展。笔者从准备阶段开始就参与这个项目。在中国各地文物收藏单位的大力协助下，“三国志”特别展取得了巨大的成功。本文作为备忘录，记录的是从本次筹备中所获取的知识和见解。

一、日本的《三国志》热潮

在日本，无论男女老少，很多人都对基于《三国志》和《三国演义》的各种媒体产品感兴趣。

那么，《三国志》为何能够获得这么高的人气呢？为什么这种热潮一直没有衰退呢？笔者认为，这是因为三国故事除了表现为绘本、儿童书之外，还发展为小说、漫画、木偶剧、游戏等对年轻人来说容易接近的媒介形式。人在自我意识的形成阶段，无论是对他人还是自己，对人世的关心程度都会有所提升。三国故事当中，生动地描绘了丰富多彩的人物样貌，他们一边应对各种各样的局面，一边在时代中努力生存。那些充满了人情味的三国故事，从根本上来说含有能够满足年轻人需要的要素。而且，正是因为在感知能力较强的青年时代遇到三国，所以深深地镌刻在心里，那种记忆永生难忘。就这样，不久之后三国的接受者就成为传播者和创造者，三国的魅力也传递给一代又一代。

二、三国志展的设计思考

如果只是为了追求经济收益，我们会毫不犹豫地以《三国演义》为基础来设计展览内容。因为支撑起三国人气的人们喜爱的正是《三国演义》描绘的世界，假如将内容和他们的兴趣相结合，自然可以确保一定程度以上的收益。但是，我没有以《三国演义》为中心来设计，也没有根据正史《三国志》来做，我的目标在于通过考古学来再现三国历史。理由主要有两方面。首先，确保专业性。特别展不能仅仅作为一种娱乐。如果没有立足于学术基础，那就不能视为博物馆展览。考虑到这一点，我认为向大家介绍近十年来的惊人考古成果是非常重要的。第二，确保公益性。总的来说，如果展览内容只被一部分热心的三国粉丝喜欢，那就与公益性相违背了。对三国历史的粉丝而言，以《三国演义》为主体的展览内容大概会很乐于接受，但是对于初学者以及第一次在特别展上接触三国世界的人们来说，这种以《三国演义》为前提的展览可能会让他们觉得非常困难。而且，展示考古学中的三国世界，对以前的三国粉丝们来说其实也是踏入了未知领域，所以他们会带着兴趣来观看展览。话虽如此，汉末三国时期与它的前后时代相比，物质文化仍比较薄弱，具有视觉冲击力的展品较少。但是，这也是三国历史的真实状态。从接近真实的角度来说，以考古为主体的三国志展具有重要的意义。

三、汉末三国的考古故事

太平道和五斗米教

东汉时期，支撑王朝的外戚和宦官为了各自的利权相互对峙，汉王朝陷入机能不全的状态。黄巾军当中的一派抓住社会不稳定的时机，登上了历史的舞台。

图 1

安徽省亳州市元宝坑 1 号墓是东汉时期曹氏宗族的墓葬之一[1]。在这座墓里出土了刻有“仓天乃死”的墓砖（图 1，本书第 87 页）。这句话与黄巾军的口号“苍天已死，黄天当立”相通。当然，我不能以这一件文物为依据把制砖的工匠或曹氏宗族和黄巾军结合起来。倒不如说我想在这里表现的是，无论在哪个时代或地区，社会中都存在着能够影响很多人的语句。

图 2

张角等人的精神基础是一种原始道教，史书中称之为太平道。“苍天已死，黄天当立”中的“黄天”是指道教的最高神，也被称为“天帝”。陕西省宝鸡市阳平乡居家村出土的铜印上有“天帝使者”的文字（图 2），从物质层面证明了当时原始道教的实际情况[2]。有意思的是，铜印“天帝使者”的印钮竟然是龟形——在三国时代，这是王朝统治机构发行的爵位印和官职印的常见形态。由此可知，当时的道教团体已经有意识地根据官僚组织的形态来推进自身组织的建立。

图 3

和太平道一样以原始道教为中心而组建的还有五斗米教。在他们的势力圈，也就是中国西南地区，出土了很多三段式神仙镜（图 3，本书第 84 页下）。有人认为这种铜镜和五斗米教的活动之间有某种关系[3]。

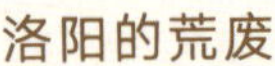

洛阳的荒废

从 20 世纪初开始，洛阳南郊外就有碑石出土。如洛阳太学的《熹平石经》（图 4，本书第 50 页）。出土时碑石都已经粉碎了。尽管如此，碑面的保存状态还是比较好的。从出土情况来看，《熹平石经》可能在建造好之后没过多久就被人推倒损坏了。在这里可以联想到《魏略》中的记载：“至黄初元年之后，新主乃复，始扫除太学之灰炭，补旧石碑之缺坏。”由这一记载可知，石经在汉末时就已经毁损了，从时代来考虑，可能与董卓当时对洛阳的烧毁有关。

图 4

东汉的末代皇帝

河南省焦作市一带的东汉墓出土的明器陶仓与其他地区的陶仓相比，造型复杂，色彩丰富，而且体量很大。一看就能感受到当地的农业生产力水平之高以及对于汉王朝的重要性（图 5，本书第 23 页）。焦作在东汉时被称为山阳。这片土地正是魏文帝曹丕给东汉最后一位皇帝汉献帝刘协的封地。也就是说，文帝曹丕给刘协赏赐了粮食产量很高的区域，可见曹丕对汉皇室的关照。这大概是因为假如他冷遇汉献帝

图 5

图 6

的话，东汉旧臣们的反对也会变得很强烈吧。对于刚刚建立起来的魏政权来说，优待刘协在稳定自身政权基础方面具有重要的意义。

公孙氏和带把杯

辽东公孙氏采用了独立的年号“绍汉”，是割据自立之心很强的势力。公孙一族的核心区域位于今天的辽宁省辽阳市，在当地发现了很多汉三国时期的墓葬。出土文物中有在其他地区看不到的带把杯[4]。杯身呈圆锥台形，把手呈倒置的“F”形，把手顶端呈斗笠形（图 6）。这种形状的酒杯在汉三国的疆域内几乎没有发现过先例，只集中出现在辽阳近郊地区。辽阳出土的这件是用于陪葬的明器，从制作技术的特征来看，其原型是实用的漆器。实际上，这种特殊形态的带把杯在日本列岛也出土过。它们分布在石川县和岛根县等地，从中可窥见彼此隔海交流之一端[5]。

图 7

鲜卑头

上海博物馆收藏的白玉带钩（图 7），从背面刻写的铭文中可以看出，此物在当时被称为“鲜卑头”[6]。那么，将它定义为鲜卑头的依据是什么呢？笔者对史书记载和出土资料进行分析后发现，当时装饰龙等瑞兽的带钩被称为“鲜卑头”[7]。洛阳市西朱村 1 号墓[8]是曹魏时期的帝陵级别墓葬，这座墓里出土的石牌上刻有“金鲜卑头”的铭文（图 8），从中可以看出，曹魏的皇室非常珍视金制的鲜卑头。以黄金制成的类似于上海博物馆的白玉鲜卑头的东西，在汉晋时期的墓葬中也曾出土过（图 9），可以认为，这种金制的带钩也被称作“金鲜卑头”。

图 8

四、乱世之战

扎马钉

图 9

自东汉末的动乱以来，割据天下的诸将们反复离合聚散。此后，魏、蜀、吴三国鼎立的局势确定下来，彼此边界区域的纷争被激化。在西晋王朝再次统一天下之前的约一百年间，战争的火种一直没有熄灭。这些可以说是百年战争时代的兵器，随着遗迹调查的进展而重新面世。其中之一就是扎马钉。在曹操迎接汉献帝的都城河南省许昌市，以及刘备的都城四川省成都市的墓葬中都曾出土。曹操军队和刘备军队曾经争夺的位于陕西省汉中市的定军山也出土此物（图 10，本书第 120 页）[9]。那么定军山出土的这些扎马钉是曹操军队所设，还是刘备军队呢？蜀地扎马钉的特征是中心附近有小环。而魏地出土的扎马钉上则没有环。尽管可以进行比较的遗物数量有限，但是可以看出定军山出土的扎马钉具有魏的特征。

图 10

礌石

合肥新城是魏国在满宠建议下所建设的位于对吴作战最前线的要塞。满宠认为如果筑造合肥新城的话，就可以把吴军引入平原地带，突出魏国在战略上的优势。近年来，考古工作者对合肥新城进行了发掘调查[10]，出土了大量的礌石（图 11，本书第 96 页）。这可能是通过投石机来发射的，目的在于让那些被引诱到平原的吴军遭受重创。

图 11

钩镶

覆盖在手上的小型盾牌，上下像弓一样伸展出来，前端弯曲为钩状（图 12，本书第 71 页）[11]——这是一种防护兵器，名为钩镶。在东汉时期的画像石上，可看到有步卒手持大刀进行战斗，另一只手握着钩镶。由于前面呈钩状，所以推测它可能是用来纠缠敌人兵器的。根据出土的数量推测，这种防护兵器并没有非常普及。

图 12

弩

由于填装弩矢的时候需要费一些工夫，所以弩不适合速射和连射。尽管这样，在东汉到三国时期的遗址和墓葬中还是出土了相当数量的弩机，这是因为在飞行距离和威力方面都颇具优势的弩很适合这一时期的战斗。弩机的构造在魏蜀吴三国当中基本上是相同的，其威力应当也没有太大差别。话虽如此，三国时代各种各样的弩中有一处重要的不同之处，就是铭文的内容。吴国的弩上刻着所有者和使用者的名字，这是魏蜀两国弩机所没有的特征（图 13，本书第 205 页）。除此之外，尚未发现在吴国弩上刻有官营作坊名字的先例[12]。根据这一点可以推测出，在吴国私人拥有武器的情况比公家更多。众所周知，吴国除

图 13

了有中央军队，还存在由各个将军拥有的私人军队。如此，吴国弩机的铭文就显示了这些个人之间的联系。

新式武器之后

西晋王朝平定东吴统一天下之后，这些曾经被拿起的兵器逐渐消失了。有一种意见认为，这是因为再没有大型的战争。但是，当西晋王朝瓦解、乱世再次降临的时候，钩镶、弩等兵器也没有重新兴起的迹象。在这一时期，鲜卑和匈奴在中国北方建立政权，势力不断增强，这些北方集团擅长骑马，能在马背上灵巧地使用弓箭和长矛。他们的崛起，可能意味着需要采用与汉三国时期的白刃战有所不同的新战术了吧。曾经被三国将士们竞相使用的各种武器，随着时代的变迁已经完成了它们的使命。

对诸葛南征的理解

云南省昭通市桂家院子 1 号墓[13]出土了公元 2 世纪的青铜器群，从器型和器类的大体情况来看，与从蜀国核心区成都周边出土的东汉青铜器没有很大的区别（图 14，本书第 125 页）。也就是说，最迟到 2 世纪时，汉文化在云南地区业已存在一定程度的渗透。然而，很多三国爱好者认为，由于诸葛亮的南征，云南地区才渗透了汉文化。这个认识很大程度上是受到《三国演义》的影响而产生的。《三国演义》中有意将云南地区描述为未开化的地方，从而使诸葛亮的活动更加精彩。但是，根据上述的考古资料可知，汉文化在云南地区的渗透要追溯到诸葛亮南征之前了。

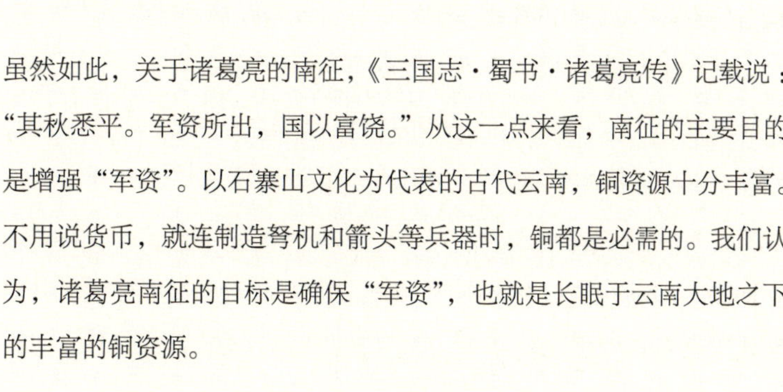

虽然如此，关于诸葛亮的南征，《三国志・蜀书・诸葛亮传》记载说：“其秋悉平。军资所出，国以富饶。”从这一点来看，南征的主要目的是增强“军资”。以石寨山文化为代表的古代云南，铜资源十分丰富。不用说货币，就连制造弩机和箭头等兵器时，铜都是必需的。我们认为，诸葛亮南征的目标是确保“军资”，也就是长眠于云南大地之下的丰富的铜资源。

图 14

五、曹操高陵

曹操高陵的确定

从 2008 年到 2009 年，在河南省安阳市发掘了西高穴 2 号墓，经过讨论得出其为曹操高陵的结论[14]。发掘报告中列举了二十二条证据，论证墓主人是曹操。虽然这些都是应该认真听取的证据，但是笔者认为，推定墓主的要点可以集中为以下三点。第一，墓葬的修建时代。该墓出土的陪葬品从类型学来看，可以说具备汉末到三国时代的特征。第二，墓葬等级。该墓在规模上是迄今为止已知的魏国墓葬中最大的，而且地面用石板铺成。在当时，石板比土床或铺砖更为高级。另外，陶鼎不是一件两件，确切的数量暂且不论，总之有很多，这在汉末三国时期也是很少见的。这些特征暗示着西高穴 2 号墓有可能是王侯级的墓葬。河南省安阳市一带从东汉末期到三国初期属于魏国的范围，那么该地最大的墓葬埋葬魏王的可能性就非常高。这个时期符合魏王的是曹操和曹丕，因为史书上记载曹丕被埋葬在洛阳郊外，所以埋葬在西高穴 2 号墓中的人物，最为妥当的就是曹操了。第三，与后世记录的吻合性。西高穴村一带与后世记录当中所载的曹操高陵的位置也比较吻合。至于具体的每一件遗物，随着今后研究的进展，其实际情况也会逐渐明朗，但是根据以上的讨论可知，西高穴 2 号墓是曹操高陵的可能性最大。也就是说，即使不依靠考古出土的刻有“魏武王”铭文的石牌，也可以推定墓主身份。

薄葬

曹操在遗嘱中说自己的葬礼要简单一些，也就是所谓的薄葬令。然而，在今天的我们看来，曹操高陵实在是太过壮观了。陵园规模很大，墓室位于地下深处，墓室空间之广是那个时代首屈一指的。不过，在当时的丧葬观念中，墓室的广大并不能算是奢侈的体现。那时修造坟墓的奢侈主要体现为装饰遗体的饰品、制作豪华的棺材、金玉珍宝类的随葬品等。也就是说，消耗时间、增加陪葬品的数量以及外表华丽才是奢侈的埋葬方式，也才算得上是厚葬。再来看看曹操高陵是什么情况呢？遗憾的是，该墓在过去曾被多次盗掘，所以埋葬时的状态已经变得碎片化了。尽管如此，从东汉到三国乃至西晋的一种奢侈至极的金粒细工制品，在曹操墓中却连一小块都没有出土。而陪葬的容器中，素烧的陶器占了大半。看来，曹操的薄葬令的确被落实了。

白瓷

曹操高陵为我们提供了若干重要信息。其中之一是白瓷的存在（图 15，本书第 158 页）。一直以来，我们认为白瓷是隋代的时候开始出现的。虽然如此，正如隋代白瓷在那之后又销声匿迹一样，白瓷的历史总让人觉得有些难以捉摸，无法一下子掌握。笔者听说从曹操高陵出土了白瓷器后，曾考虑过是否可能是混入的后世遗物，2018 年 12 月终于得到实地考察的机会。它的造型是三国时代的，釉面材质不是铅釉，而是灰釉，毫无疑问，可以确认这是 3 世纪的白瓷。重新考虑这个问题，其实白瓷的制作技术本身和青瓷并没有太大的差异，这是已经确定的了，因此即使在这个时代存在白瓷，也没有什么不可思议的。只是当时很多人不偏好白色的器皿而已。唯一的可能性是，从东汉到曹魏时期，人们对白色器皿的需求突然兴起。到了东汉，在山东、辽宁和朝鲜半岛都出现了用白色陶土制作的陶器。另外，在洛阳调查的曹魏正始八年墓中出土了白玉杯。虽然这些信息极为零碎，但可以据此推断在汉魏时期的一段时间内，人们对白色容器的关注可能有所提升。

图 15

鼎

曹操高陵出土的陶鼎，尽管可以说在素烧的时候选择了最朴素的材料，但是制作得还是很精细的（图 16，本书第 149 页）。虽然采用薄葬，但曹操仍然被以相应的规格来郑重埋葬了。这件陶鼎值得关注的是它的外形。最大径位于鼎身中部，上下基本对称。鼎耳呈现清晰的弯曲，从口沿部向上延伸，顶部平坦。从汉末到三国时代，鼎的出土本身非常少，类似的例子很难找到，但居然在意想不到的地方发现了，也就是在朝鲜半岛东南部的蔚山发掘的下垈 23 号墓中出土的铜鼎。此墓被认为是 3 世纪前半期修建的，与曹操墓的鼎时代一致，蔚山出土的鼎是汉末魏初的造型。当然，汉魏时代的文物在东亚各地出土，比如铜镜那样的，本身是并不鲜见的。但考虑到这件鼎，情况还是不太一样。自古以来鼎作为礼器占据着重要的位置，与单纯的商

图 16

品不同。那么，为什么朝鲜半岛东南部的古墓里会陪葬有汉末魏初的鼎呢？因为现在检测的材料有限，所以只能期待今后能弄清楚实际情况。不过，蔚山下岱古墓群所代表的团体很可能和汉或者魏之间有着很强的联系。当倭国掌握大陆情况的时候，朝鲜半岛东南部的这种势力集团也可能发挥过重要的作用吧。

六、天下统一

世界上最短的《三国志》

蜀被魏国消灭，魏国和吴国又被西晋平定。这不仅仅是正史《三国志》的编纂者陈寿的记述，从出土资料也可以看出。江苏省南京市发掘的西晋墓[15]所用的砖上模印着“晋平吴天下大平”（图 17，本书第211页）。这句话非常清楚地记载了三国的始末，可以说是世界上最短的《三国志》。这里所说的“天下大平（太平）”，当然是从胜利者即西晋的角度看到的天下景象。若从失败者也就是吴国旧人的角度来看的话，不知道到底算不算得上太平。假如我们认为制作这种砖是西晋方面的意思，那么有可能是因为西晋政权的执行部门有必要以各种形式向社会表明天下太平的到来，作为其中的一个环节而制作了这样的砖。如果是这样的话，建立不久的西晋政权还处于不稳定之中，政权正朝着巩固其统治基础的方向而努力。另一方面，如果这个砖的制作是墓葬的修造者也就是吴国旧人方面的意思，那么旧吴人在为近亲营建墓葬时，为了尽量行使造墓这一既得权益，可能有必要在一定程度上迎合西晋政权。

结语

考古资料具有补充文献史料的作用，此外考古资料也有独自叙述历史的史料价值。通过近几年汉三国的考古发掘成果，我的这一想法更加强烈了。

图 17

本文是以市元垒《真实的三国志的世界》《三国志特别展》【美术出版社（日），2019 年】为基础修改而成的。

参考文献

1. 安徽省亳县博物馆等 . 亳县曹操宗族墓葬 [J]. 文物 , 1978(8).
2. 钱宝康 . 宝鸡县出土“天帝使者”印章 [J]. 考古与文物 , 1990(4)。阎宏斌 . 宝鸡县出土“天帝使者”铜印 [J]. 文博 : 1991(3).
3.（日文）森下章司 . 華西系鏡群と五斗米道 [J]. 東方学報 , 2012, 第 87 冊 .
4. 吉林大学边疆考古研究中心、辽宁省文物考古研究所 . 辽宁辽阳苗圃汉魏石室墓 2008 年发掘报告 [J]. 考古学报 , 2015(04).
5.（日文）橋本裕行 . ジョッキ形容器・木器再考 [M]// 地域と考古学の会 . 論集弥生時代の地域社会と交流・転機 8 号 , 2018。（日文）市元垒 . 後漢から三国の把手付容器と公孫氏政権 [G]// 花園大学考古学研究論叢 . 2019.
6. 张尉 . 白玉衮带鲜卑头制作年代辩正 [M]// 中国古代玉器 . 上海 : 上海人民出版社 , 2009。褚馨 . 汉晋时期的金玉带扣 [J]. 东南文化 , 2011(5).
7.（日文）市元垒 . 曹魏の鮮卑頭と郭落帯 [J]. 古代文化 , 第 70 巻第 4 号 .
8. 洛阳市文物考古研究院 . 河南洛阳市西朱村曹魏墓葬 [J]. 考古 , 2017(7).
9. 郭清华 . 扎马钉 [J]. 文博 , 1986(2).
10. 安徽省文物考古研究所 . 合肥市三国新城遗址的勘探和发掘 [J]. 考古 , 2008(12).
11. 成都文物考古研究所 . 绵阳崖墓 [M]. 北京 : 文物出版社 , 2015.
12. 张吟午 . 江陵纪南城出土黄武元年弩 [J]. 文物 , 1991(1)。（日文）今尾文昭 . 弩機銘文にあらわれた魏と呉 [J]. 文化学年報 , 1999 年 , 第 48 輯。（日文）今尾文昭 . 三国時代呉弩の伝世と所有形態 [M]// 日中交流の考古学 . 同成社 , 2007.
13. 云南省文物工作队 . 云南昭通桂家院子东汉墓发掘 [J]. 考古 , 1962(8).
14. 河南省文物考古研究院 . 曹操高陵 [M]. 北京 : 中国社会科学出版社 , 2016.
15. 南京市博物馆 . 南京狮子山、江宁索墅西晋墓 [J]. 考古 , 1987(7).

附录

年表（25－317 年）

● 东汉（25—220 年）

帝王	年号	干支	公元
光武帝（刘秀）	建武（32）	乙酉	25 年
	建武中元（2）	丙辰	56 年
明帝（刘庄）	永平（18）	戊午	58 年
章帝（刘炟）	建初（9）	丙子	76 年
	元和（4）	甲申	84 年
	章和（2）	丁亥	87 年
和帝（刘肇）	永元（17）	己丑	89 年
	元兴（1）	乙巳	105 年
殇帝（刘隆）	延平（1）	丙午	106 年
安帝（刘祜）	永初（7）	丁未	107 年
	元初（7）	甲寅	114 年
	永宁（2）	庚申	120 年
	建光（2）	辛酉	121 年
	延光（4）	壬戌	122 年
顺帝（刘保）	永建（7）	丙寅	126 年
	阳嘉（4）	壬申	132 年
	永和（6）	丙子	136 年
	汉安（3）	壬午	142 年
	建康（1）	甲申	144 年
冲帝（刘炳）	永憙（嘉）（1）	乙酉	145 年
质帝（刘缵）	本初（1）	丙戌	146 年
桓帝（刘志）	建和（3）	丁亥	147 年
	和平（1）	庚寅	150 年
	元嘉（3）	辛卯	151 年
	永兴（2）	癸巳	153 年
	永寿（4）	乙未	155 年
	延熹（10）	戊戌	158 年
	永康（1）	丁未	167 年

灵帝（刘宏）	建宁（5）	戊申	168 年
	熹平（7）	壬子	172 年
	光和（7）	戊午	178 年
	中平（6）	甲子	184 年
献帝（刘协）	初平（4）	庚午	190 年
	兴平（2）	甲戌	194 年
	建安（25）	丙子	196 年
	延康（1）	庚子	220 年

● 三国（220—280 年）

⊙ 魏（220—265 年）

文帝（曹丕）	黄初（7）	庚子	220 年
明帝（曹叡）	太和（7）	丁未	227 年
	青龙（5）	癸丑	233 年
	景初（3）	丁巳	237 年
齐王（曹芳）	正始（10）	庚申	240 年
	嘉平（6）	己巳	249 年
高贵乡公（曹髦）	正元（3）	甲戌	254 年
	甘露（5）	丙子	256 年
元帝（曹奂）	景元（5）	庚辰	260 年
	咸熙（2）	甲申	264 年

⊙ 蜀汉（221—263 年）

昭烈帝（刘备）	章武（3）	辛丑	221 年
后主（刘禅）	建兴（15）	癸卯	223 年
	延熙（20）	戊午	238 年
	景耀（6）	戊寅	258 年
	炎兴（1）	癸未	263 年

⊙ 吴（222—280 年）

大帝（孙权）	黄武（8）	壬寅	222 年
	黄龙（3）	己酉	229 年
	嘉禾（7）	壬子	232 年
	赤乌（14）	戊午	238 年

	太元（2）	辛未	251 年
	神凤（1）	壬申	252 年
会稽王（孙亮）	建兴（2）	壬申	252 年
	五凤（3）	甲戌	254 年
	太平（3）	丙子	256 年
景帝（孙休）	永安（7）	戊寅	258 年
乌程侯（孙皓）	元兴（2）	甲申	264 年
	甘露（2）	乙酉	265 年
	宝鼎（4）	丙戌	266 年
	建衡（3）	己丑	269 年
	凤凰（3）	壬辰	272 年
	天册（2）	乙未	275 年
	天玺（1）	丙申	276 年
	天纪（4）	丁酉	277 年

● **西晋（265—317 年）**

武帝（司马炎）	泰始（10）	乙酉	265 年
	咸宁（6）	乙未	275 年
	太康（10）	庚子	280 年
	太熙（1）	庚戌	290 年
惠帝（司马衷）	永熙（1）	庚戌	290 年
	永平（1）	辛亥	291 年
	元康（9）	辛亥	291 年
	永康（2）	庚申	300 年
	永宁（2）	辛酉	301 年
	太安（2）	壬戌	302 年
	永安（1）	甲子	304 年
	建武（1）	甲子	304 年
	永安（1）	甲子	304 年
	永兴（3）	甲子	304 年
	光熙（1）	丙寅	306 年
怀帝（司马炽）	永嘉（7）	丁卯	307 年
愍帝（司马邺）	建兴（5）	癸酉	313 年

工作委员会

总策划	谭平、黄春雷
总监制	赵古山、马龙
监制	钱卫、罗利君
学术顾问	朱岩石
策展人	冀鹏程、李天凯、柳青
执行策展人	盛夏、李云河、姚毅夫、耿淼
统筹执行	许波、张学海
营销策划	岳进、李昂、贾鸣
宣传推广	王昭祎、王清、张丝雨、李心宇
展示制作	关永峰、董碧斌
出版撰稿	李云河、戴鹏伦、刘家朋、林奕岑、盛夏、姚毅夫
社教活动	沈建英、秦丽杰、郑朝阳
行政支持	牛海云、蒋海梅、刘丛中、高敬、马佳莹、王卓然、张易婷、施王欢、刘杰、王宣懿、陈永林、刘殿祥
技术支持	刘海涛、汤胜利、张闫